KB162267

황해도 안악 지역어의 음운론

최소연

중국 산동공상대학교 한국어학과를 졸업하고 남경대학교 대학원에서 석사학위, 서울대학교 대학원에서 박사학위를 받았다. 서울대학교 인문학연구원의 객원연구원을 지냈고 현재 중국 사천외국어대학교 한국어학과 강사로 재직 중이다. 주로 한국어 방언, 한국어 음운론 등에 대해 연구한다.

주요 논문으로 「황해도 안악 지역어의 모음조화 연구」(2018), 「안악 지역어의 'j'활음화에 대하여」(2019), 「한중 친족 어휘의 화용론적 기능에 대하여」(2021) 등이 있다.

황해도 안악 지역어의 음운론

초판 1쇄 인쇄 2022년 8월 25일
초판 1쇄 발행 2022년 9월 15일

지 은 이 최소연
펴 낸 이 이대현
펴 낸 곳 도서출판 역락

책임편집 임애정
편   집 이태곤 권분옥 강윤경
디 자 인 안혜진 최선주 이경진
마 케 팅 박태훈 안현진

펴 낸 곳 도서출판 역락 / 서울시 서초구 동광로46길 6-6 문창빌딩 2층(우 06589)
전   화 02-3409-2058 FAX 02-3409-2059
이 메 일 youkrack@hanmail.net
홈페이지 www.youkrackbooks.com
등   록 1999년 4월 19일 제303-2002-000014호

ISBN 979-11-6742-383-2 93710

字數 156,809字

＊정가는 뒤표지에 있습니다.

황해도 안악
지역어의

음운론

최소연

머리말

몇 년 전부터 친구들에게 하던 농담이 하나 있는데, "나의 20대 청춘은 몽땅 한국어에 바쳤다"는 말이다. 한국어 하나도 몰랐던 2008년 가을부터 지금까지 한국어를 배운 지 어느덧 14년이 되었다.

한국어 방언에 대해 처음으로 관심을 가지고 처음으로 직접 방언 조사하러 나서게 된 것은 저자의 석사 지도교수이신 이금화 선생님 덕이다. 한국어를 배운 지 채 5년이 안 되었었고 어려운 발음을 제대로 하지 못했던 2012년 겨울, 이금화 선생님께서 직접 조사하신 방언 음성 녹음을 틀어 주시고 들리는 대로 일단 써 보라고 하셨다. 2분짜리의 음성 녹음이었는데 2시간 정도 걸렸던 것 같다. 재미있었지만 정말 힘든 과정이었다.

박사과정에 입학하고 나서 한국어 방언의 체계, 연구 방법, 연구의 자세 등을 더 깊이 알게 된 것은 저자의 박사 지도교수이신 정승철 선생님 덕이다. 총명하지 못한 제자이지만 늘 따뜻한 마음으로 저자를 배려해주시고 격려해주셨다. 선생님께 방언 연구를 하겠다고 찾아갔을 때 선생님께서 한반도 방언 지도를 펴시고 저자에게 황해도 방언에 대해 한번 알아보라고 하셨다. 그 이후부터 황해도 방언의 대해 관심을 가지고 처음부터 조금씩 공부하였다. 이 역시 힘들었지만 재미있는 과정이었다.

이 책은 2020년 8월 서울대학교 대학원에서 박사학위논문으로 제출했던 「황해도 안악 지역어의 음운론적 연구」를 정리한 것이다. 뚜렷한 방언 특징을 가진 평안도 방언권 및 서울 지역어를 중심으로 하는 경기도 방언권 사이에 있는 황해도 방언은 그 자체의 음운 현상이나 방언 접촉의 면에서 볼 때 매우 중요한 역할을 한다. 방언 접촉 또는 방언 간의 대비 연구를 위해서는 우선 황해도 방언에서 일어나는 음운 과정을 엄밀히 살펴보아야 한다고 생각된다. 황해도 원주민을 대상으로 언어 조사 연구를 수행해야 마땅하지만 현재로서 북한에서 현지 조사를 하기 어려운 상황이므로 우회적인 방법으로 재중(在中) 황해도 안악군 이주민을 대상으로 조사 연구를 진행하였다. 이 책은 중국 길림성 류하현에 거주하는 안악군 출신 화자들이 사용하는 언어를 대상으로 황해도 서북부에 위치한 안악 지역어의 음운 목록을 확정하고 어간, 조사, 어미의 기저형을 설정하여 이를 바탕으로 공시적으로 일어나는 음운 현상을 살펴보았다. 이 연구를 통하여 황해도 방언에 속하는 안악 지역어의 일면이 어떠했는가를 알 수 있게 되리라고 믿는다.

저자가 이 책을 출판하기까지는 여러 분들의 격려와 도움을 받았다. 한국어 공부와 한국어 연구가 다르다는 것을 알게 해 주신 저자의 석사 지도교수이신 이금화 선생님을 비롯하여 윤해연 선생님, 최창륵 선생님 등 남경대학교 한국어학과 모든 선생님들께 감사를 드린다. 남경대에서 공부했을 때 방문교수로 오신 송철의 선생님, 박진호 선생님, 최명옥 선생님의 강의를 듣고 한국어학에 대해 더욱 깊이 연구하겠다는 굳은 다짐을 하였다.

그리고 서울대 국어국문학과의 여러 선생님과 선배님, 후배 동학 여러분들께 깊은 감사를 드리고 싶다. 5년 넘는 유학생활을 즐겁고 보람 있게 보낼 수 있었던 것은 이분들 덕이다. 무엇보다 저자의 박사학위논문 심사를 맡아 고생하신 김성규 선생님, 김현 선생님, 이진호 선생님, 정인호 선생님께 감사의 말씀을 드린다. 네 분 선생님의 지도와 격려 그리고 조언이 없었다면 이 책은 세상에 나올 꿈도 꾸지 못했을 것이다. 특히 박사학위논문을 준비하면서 지도교수이신 정승철 선생님께서 엄격하시면서도 친절하신 지도 및 격려를 해주셔서 너무나 감사하다는 말씀을 드리고 싶다.

　마지막으로 오늘의 저자가 있게끔 씩씩하게 키워 주신 부모님께 감사드리며 이 책을 바친다. 그리고 책의 간행을 기꺼이 맡아주신 이대현 사장님과 부족한 원고지만 깔끔하게 만들어 주신 편집부 여러분께도 감사를 드린다.

2022년 8월
최소연

차례

제1장

서 론

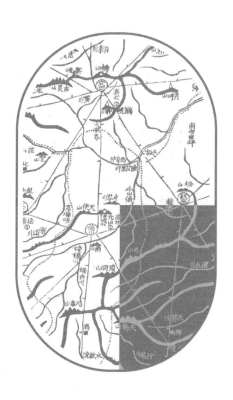

서론

1.1 연구 목적

이 책은 황해도 서북부에 위치한 안악군 출신 화자들이 사용하는 언어를 대상으로 한 음운론적 연구를 진행한다. 이를 위해 황해도 원주민을 대상으로 언어 조사 연구를 수행해야 마땅하지만 현재로서 북한에서 현지 조사를 하기 어려운 상황이므로 우회적인 방법으로 재중(在中) 황해도 안악군 이주민을 대상으로 조사 연구를 진행하기로 한다. 아울러 이 책의 제보자들은 안악군 출신이지만 성장 과정 및 주된 활동 영역은 중국이라는 점을 밝혀 둔다. 이 책의 제보자들의 경우, 언어 접촉 또는 방언 접촉 과정에서 어느 정도의 언어 변화가 필연적으로 일어났겠으나 이들은 언어 성숙기를 동일 지역 출신의 가족들과 같이 보냈으므로 해당 지역어를 어느 정도 그대로 간직해 왔다고 보아도 무방하다. 이는 북한 방언의 체계적인 조사가 어려운 상황에서는 이러한 차선책을 강구할 수밖에 없다는 鄭仁浩(2019:25)의 견해를 따르는 것이기도 하다.

한편, 지역어와 방언은 모두 한 언어에서 분화된 변종을 전제하는 개념이다. 이때 지역어란 한 언어의 분화체로 단순히 어떤 지역에서 쓰이는 말을 가리키는 용어인 반면, 방언은 해당 언어에서 어느 정도의 방언권이 상정되었을 때 사용할 수 있는 용어이다(정승철 2013:12-13). 이 책은 '황해도 안악 지역에서 사용되는 한국어'를 다룬다는 의미에서 '안악 지역어'라는 표현을 잠정적으로 사용하기로 한다.

황해도 방언은 뚜렷한 방언 특징을 가진 평안도 방언권 및 서울 지역어를 중심으로 하는 경기도 방언권 사이에 있으므로 방언 접촉이나 방언 간의 전이 등 현상에서 매우 중요한 역할을 할 것으로 보인다. 따라서 향후 방언 접촉, 방언 간의 대비 연구나 방언 구획을 위해서는 먼저 이 방언의 음운론적 특징을 엄밀히 살피는 일이 필수적이다. 그러나 그동안 이 방언이 중부 방언권에 속한다는 일반적 인식 및 현지 조사를 진행할 수 없는 현실적 제약 등으로 이 방언에 대한 연구가 활발히 이루어지지 않았다. 한편, 기존 논의들의 관심 주제는 주로 음운 체계, 통시적 음운 변화 등에 집중되어 왔다. 따라서 이러한 결함을 메우기 위해서 이 책은 안악 지역어의 특징을 보이는 통시적 현상에 대한 설명 이외에, 공시적으로 일어나는 음운 현상을 관찰함으로써 황해도 방언의 일면을 파악하는 중요성을 강조한다.

1.2. 연구사

황해도 방언에 관한 연구사는 郭忠求(1992:310-311), 郭忠求(1994ㄴ:264-

266), 황대화(2007:13-15), 장승익(2018:3-5), 장승익(2019:94-95) 등에서 자세히 정리, 소개한 바가 있다. 이에 관한 전반적인 논의는 이들 업적에 미루어 두고 여기서는 방언 구획 및 방언 자료의 성격을 중심으로 황해도 방언 연구사를 검토하기로 한다. 우선, 한국어의 방언 구획에서 볼 때 황해도 방언이 어느 대방언권에 속하는지는 연구자마다 다소 차이를 보인다. 대방언권의 명칭도 연구자마다 다르지만 일반적으로 널리 쓰이는 '서북 방언, 동북 방언, 중부 방언, 동남 방언, 서남 방언, 제주 방언'이라는 6개의 대방언권을 상정한 다음에 황해도 방언의 소속 문제를 살펴본다.

첫째, 황해도 방언은 경기도, 충청도 등과 같이 중부 방언에 속한다.
- 小倉進平(1944ㄴ/2009:723), 河野六郎(1945/2012:220),
金公七(1977:131), 정승철(2013:158), 최명옥(2015:31) 등.[1]

둘째, 황해도 방언은 평안도 방언과 같이 서북 방언에 속한다.
- 김병제(1988:208-210), 곽충구(1998:986) 등.[2]

---

1 小倉進平(1944ㄴ/2009:722-724)에서는 한국어 방언을 경상 방언, 전라 방언, 함경 방언, 평안 방언, 경기 방언, 제주도 방언 등 크게 여섯 부류를 나누었고 경기 방언에는 경기도, 황해도, 충청도, 강원도, 함남 영흥 이남의 지역과 전북 무주를 포함시켰다. 河野六郎(1945/2012:220)에서는 '경기도 방언'에 경기도, 충청도, 황해도, 강원도(울진, 평해 제외) 및 전북 금산・무주를 포함시켰다. 金公七(1977:131)에서는 중부 방언에 경기, 강원 서부, 충청 북부, 황해 등 지방의 방언을 포함시켰다. 정승철(2013:158)에서는 중부 방언에 경기도, 충청도, 황해도, 강원도 영서 지역을 포함시켰다. 이 외에, 金亨奎(1974:403)에서는 황해도 방언이 거의 경기 방언의 연장과 같은 성격을 띠고 특수 어휘나 어미에서 함경도 방언 또는 평안도 방언과 공통되는 현상을 약간 찾아볼 수 있다고 하였다.
2 김병제(1988:208)에서는 '방언지구-방언지역-방언지방'이라는 개념을 도입하여 '황해도 방언지방'과 '평안도방언지방'을 묶어서 '서부방언지구' 밑에 있는 '서북방언지역'에 포함시켰으면서도 황해북도 금천군, 토산군과 황해남도 청단군, 연안군, 배천군을 제외한 나머지 대부분 지역은 '서북방언'에 포함시켰다. 또한, 김병제(1988:179-180)에서는 황해남북도에는 서북방언인 황해도방언과 중부방언이 분포되어 있다고 하면서 이 지역은 행정구역적으로 북도와 남도로 구별되어 있어 그 자체 내에 언어적 차이가 있는데다가 역사적으로 황해남도의 은율, 안악, 은천과 황해북도의 황주, 송림, 연탄, 연산 지방은 평안도방언의

셋째, 황해도 방언은 하나의 대방언권을 가진다.

　　　- 한영순(1967:239), 崔鶴根(1968:29) 등.[3]

넷째, 황해도 일부는 평안도 방언과 같이 서북 방언에 속하고 다른 일부는 경기도, 충청도 방언 등과 같이 중부 방언에 속한다.

　　　- 李克魯(1932:10), 李崇寧(1967:411), 金英培(1981:3),

　　　　곽충구(2001:409), 김봉국(2001:322), 최명옥(2001:235),

　　　　황대화(2007:11-12), 김영황(2013:168) 등.[4]

종합적으로 볼 때 황해도 방언은 인접한 평안도 방언과 경기도 방언의 특징을 공유한 까닭에 중부 방언 또는 서북 방언의 한 하위 방언으로 보거나, 평안도 방언과 중부 방언 사이의 전이 지역으로 보기도 한다. 이러한 불분명한 성격에 기인하여 현재까지 황해도 방언에 대한 조사, 연구는 북한의 다른 방언에 비해 연구 업적 수가 그렇게 많지 않다. 여

　　영향을 받았으며 황해남도 배천, 연안, 청단 지방과 황해북도의 토산, 금천 등 지방은 중부 방언의 영향을 입어 복잡성을 가진다고 한다. 곽충구(1998:986)에서 동북 방언을 육진·함경방언으로, 서북방언을 평안방언으로 부르되 지역을 더 세분할 필요가 있을 때에는 평북, 평남, 함남, 함북, 황해 방언 등으로 부른다고 한다.

3　한영순(1967:239)에서는 황해도사투리는 대체로 황해남북도의 북쪽 지방에 쓰인다고 한다. 崔鶴根(1968:29)에서는 한국어의 방언을 남부방언권 및 북부방언권으로 나누고 황해도방언은 북부방언권에 포함시켰다.

4　李克魯(1932:10)에서는 '관서방언'은 평안남북도와 황해도 일부에 보급되었고 '중부방언'은 경기도, 충청북도, 강원도 일부(양양 이북) 및 황해도 일부에 보급되었다고 한다. 李崇寧(1967:411)에서는 황해도 사리원 이북을 평안도 방언에 속하고 사리원 이남을 중부 방언에 포함시켰다. 김봉국(2001:322)에서 황해도 재령 이남의 지역이 중부 방언에 속한다는 것이 최명옥(2001:235)에서 황해도 멸악산맥 이북 지역 및 안악·은율·송화·신천 등 서북 해안 지역은 서북 방언에 속할 가능성이 높다는 것과 궤를 같이 하고 있다. 김영황(2013:168)에서는 황해도 지방은 그 많은 부분이 중부 방언의 영역에 포괄되나 북부는 서북 방언의 영역에 포괄되어 일종의 완충지대로 되고 있다고 한다.

러 논의에서 지적한 바와 같이 방언 구획상의 위치가 불분명하게 인식
되어 왔다는 점, 또 한반도 분단으로 현지 조사를 하기 어려워졌다는 점
등 여러 이유로, 황해도 방언에 대한 연구가 그다지 활발히 이루어지지
않았다는 말이다. 다음으로 방언 자료의 성격과 관련하여 아래 표에 제
시한 연구 업적들은 주목할 만하다. 우선, 이들은 조사 지점을 확실히
밝혀 놓았다는 특징을 갖는다.

〈표 1〉 황해도 방언에 대한 연구 자료

	자료 명칭	조사 시기	조사 지점
(ㄱ)	京城師範學校朝鮮語研究部 (1937), ≪方言集≫.[5]	1930년대	황주 · 평산 · 연백(화성면 · 용도면) · 안악(안악면 · 하서면) (총 4개 지점)[6]
(ㄴ)	小倉進平(1944), ≪朝鮮語方言の研究≫.	1913.1 1929.8.5.-8 1929.12.9-18	금천 · 연안 · 해주 · 옹진 · 태탄 · 장연 · 송화 · 은율 · 안악 · 신천 · 재령 · 사리원 · 황주 · 서흥 · 남천 · 신계 · 수안 · 곡산 (총 18개 지점)
(ㄷ)	河野六郎(1945), ≪朝鮮方言學試考≫	1937.10 -1940.9	연안 · 해주 · 강령 · 옹진 · 태탄 · 장연 · 몽금포 · 송화 · 은율 · 안악 · 신천 · 재령 · 서흥 · 황주 · 수안 · 곡산 · 신계 · 토산 · 금천 (총 19개 지점)
(ㄹ)	황대화(2007), ≪황해도방언연구≫.[7]	1986년 1995년	봉산 · 연탄 · 사리원 · 평산 · 벽성 · 재령 · 해주 · 신천 (총 8개 지점)
(ㅁ)	金英培(1981), 黃海道 地域方言研究.	1980년[8]	금천 · 연백 · 해주 · 벽성 · 옹진 · 장연 · 장연 · 송화 · 은율 · 안악(문산면 · 안악읍) · 신천 · 재령 · 봉산 · 황주 · 서흥 · 평산 · 신계 · 수안 · 곡산(총 33개 지점)[9]
(ㅂ)	李基文 외(1991), 韓國語 方言의 基礎的 研究.	1987.12 -1990.11	은율 · 안악 · 황주 · 봉산 · 송화 · 신천 · 장연 · 재령 · 곡산 · 서흥 · 수안 · 신계 · 금천 · 벽성 · 옹진 · 평산 · 연백(총 17개 지점)

(ㅅ)	강순경(1999ㄱ), 황해 방언의 모음체계.	未詳	개성·사리원·옹진·평산·금천· 은파·청단(총 7개 지점)
(ㅇ)	⊙ 고동호·장승익(2018), ≪정농 마을의 언어와 문화≫. ⓛ 장승익(2018), 황해도 방언의 변이 양상 연구.	2016년 전후 약 3년 동안[10]	은율·송화(총 2개 지점)

<표 1>에 제시된 연구 중 (ㄱ)-(ㄹ)은 황해도 원주민들을 대상으로 진행한 조사, 연구이고 (ㅁ)-(ㅇ)은 한국에 거주하는 황해도 출신 화자들을 대상으로 진행한 것이다. 이 외에 월남한 인사들에 의해 편찬된 ≪安岳郡誌≫에는 인적사항, 음식, 의류, 식물, 동물 등에 관한 총 384개의 사투리 단어가 실려 있다.[11] 또한, 황해도 장연 지역어 자료를 제공한 李容完(1990) 및 신천 지역어에 관련된 어휘 자료를 제공한 정원수(2002) 등이 있고, 황해도 및 강원도 북부 지역의 친족 호칭어를 조사한 郭忠求(1995)도 있다. 그리고 김주원(1994), 김동언(2004) 등에서는 18세기, 19세기의 문헌 자료를 분석함으로써 당시 황해도 서북 지역(신천, 안악, 재령 등

---

5   이하 '방언집(1937)'이라고 한다.

6   방언집(1937)에 대한 해제인 李相揆(1995:427)에 따르면 황해도의 조사지점은 평산, 연백, 황주, 안악 총 4개로 되어 있다. 그러나 실제 자료집에 장연, 해주 지역에 대한 어휘 조사 결과도 다소 실려 있다.

7   이 외에 같은 시기의 조사 자료로 이루어진 연구로는 황대화(2001), 황대화(2002) 등이 있는데 이는 참고문헌에서 밝혀둔다.

8   金英培(1981)에서 조사 시기를 언급하지 않았고 金英培(1997ㄱ:843)에서는 조사 시기는 1980년이라고 밝혔다.

9   1945년 8월 15일 이전 황해도 행정 구획 1시 17군을 기준으로 1시·군당 두 개의 면을 조사했으므로(동일 지점 3개 군을 제외하여) 총 33개 지점이 조사되었다.

10   해당 책에서는 구체적인 조사 기간을 밝히지 않았으나 서문에서 "약 3년 동안…조사를 실시하였다"고 기술한 바가 있다.

11   표제어 총 391개가 있는데 중복된 단어를 제외하면 총 384개 단어가 실려 있다.

일대 지역) 방언의 음운론적, 어휘적 특징을 밝힌 바가 있다.[12]

이상에서 조사 지점이 명확히 밝혀진 연구나 자료를 참고하면서 이 책은 崔小娟(2018)의 연구를 이어 중국에서 거주하는 황해도 안악군 대행면 출신 화자들이 사용하는 언어에 대한 음운론적 연구를 진행하고자 한다. 황해도 원주민과 월남한 황해도 방언 화자를 대상으로 조사한 기존 연구들과는 달리, 이 책은 중국으로 이주한 황해도 안악군 출신의 1-2세대 제보자들로부터 확보된 음성 자료를 주 연구 대상으로 삼는다. 또한 황해도 서북 지역은 대체로 황해도 내의 다른 지역에서 볼 수 없는 독특한 변화를 많이 가지고 있다는(곽충구 2001:411) 점에서 안악 지역어에 대한 음운론적 연구는 황해도 서북 지역과 평안도 사이의 방언 차이점 또는 관련성을 밝히는 데에 의미가 있다.

1.3. 조사 및 연구 방법

이 책에서는 현재 북한에서 현지 조사하기 어려운 상황이기 때문에 우회적인 방법으로 중국으로 이주한 황해도 안악군 출신 1-2세대 화자들을 대상으로 조사를 진행하였다. 이주민들은 오랫동안 중국에서 정착하고 살아왔기 때문에 그들이 사용하는 언어는 여러모로 변화했으리라 예상된다. 그러한 이유로 이 책에서는 복수의 제보자를 선정하여 조사를

---

12 이 외에 한반도 분단되기 이전에 황해도 일부였으며 육지와 왕래가 어려운 백령도에서 사용되는 언어에 대한 연구로는 宋讚和(1992)가 있는데 주로 백령도 지역어의 음운론적 특징을 기술하면서 가까운 황해도 장연군에서 사용되는 언어와의 음운체계 등을 비교한 바가 있다. 이 외에 이지애(2011)은 황해도 연백군에 가까운 강화군 교동면에서 사용되는 지역어를 대상으로 음운 체계와 음운 현상 전반에 대해 살핀 연구이다.

진행하였다. 제보자 정보 및 조사 기간 등은 다음과 같다.

- 제보자 정보
① 李○○(L1), 여, 1933년생, 야학, 주 제보자.
② 金○○(K), 여, 1938년생, 중학교 졸업, 부 제보자
③ 李○○(L2), 여, 1945년생, 고등학교 졸업, 보조 제보자.

- 조사 기간: 1차 조사 2017.08.04.-08.13
2차 조사 2018.06.30-07.14
- 조사 장소: 중국 길림성(吉林省) 류하현(柳河縣) 제보자의 집.
- 조사 지점: 황해도 안악군(安岳郡) 대행면(大杏面).

제보자 L1은 1933년 북한에서 태어났고 5살쯤에 가족, 친척들과 같이 중국 길림성(吉林省) 류하현(柳河縣) 삼원포진(三源浦鎭)에 있는 유기전이라고 곳으로 이주하였다.[13] 어렸을 때 야학을 몇 달만 다녔고 안악군 출신의 부모님과 오랫동안 같이 지냈으므로 황해도 말씨를 잘 유지해 왔다고 판단되어 주 제보자로 선정하였다. 제보자 K는 중국에서 태어났으며 L1과 친척지간이다(조카・이모). K가 태어나기 전에 K의 가족들이 L1의 가족들과 같이 안악군에서 중국으로 이주했고 처음에 두 집안이 한 집에서 2년 정도 함께 지냈다고 한다. K가 6살쯤에 부모님과 함께 안악군에 돌아가고 거기서 인민학교(초등학교)를 다니다가 1950년쯤에 다시 중국으로 갔다고 한다. K의 경우 언어 성숙기인 초등학교를 안악군에서 다녔고 또 안악군 출신의 외할머니, 부모님과 오랫동안 같이 지냈으므로 부 제

13　류하현(柳河縣) 縣政府의 통계에 의하면 류하현의 총 인구는 36만 여명이 있으며 한족(漢族), 만족(滿族), 회족(回族), 조선족(朝鮮族), 몽골족(蒙古族) 등 총 26개 민족이 있다 (2016년 기준). 소수 민족은 총 인구의 9.2%에 달하며 이 중에 조선족은 가장 높은 비율 (48.6%)을 차지하고 있다.

보자로 선정하였다. 제보자 L2는 주 제보자 L1의 친동생이고 중국에서 태어나고 고등학교를 졸업하였다. L2가 현재 한국 수원시에 거주하고 있고 조사 당시 언니를 만나러 고향에 가 있었으므로 보조 제보자로 선정한 것이다.

안악군은 황해도의 북북서쪽에 위치하고 동쪽은 재령강을 사이에 두고 황주군과 봉산군, 동남쪽은 재령군, 남쪽은 신천군, 서쪽은 은율군에 접하고 있으며 북쪽으로는 대동강 하류 넘어 평안남도 용강군 및 진남포시를 바라보고 있다. ≪安岳郡志≫에 따르면 8·15 광복 전후 안악군에는 안악읍(安岳邑), 대원리(大遠里), 용순면(龍順面), 문산면(文山面), 용문면(龍門面), 은홍면(銀紅面), 하서면(河西面), 안곡면(安谷面), 대행면(大杏面) 등 행정 구역이 포함된다. 황해도 및 안악군 지도를 제시하면 다음과 같다.

〈지도 1〉 개편 이전의 황해도 및 안악군 지도[14]

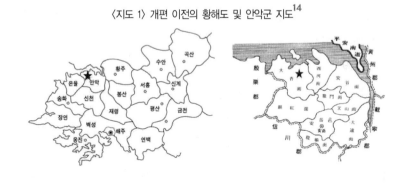

위 지도는 곽충구(2001:410), 黃海道誌(1981:679)에서 가져온 것이다. 한반도 해방 후, 북한은 평안북도 일부와 함경남도 일부를 떼서 자강도와 강원도를 신설하였는데 황해도의 경우 대개 경의선(京義線)을 경계로 하여 그 서쪽 지역을 황해남도라 하고, 그 동쪽 지역을 황해북도라 한다. 한편, ≪안악군지≫에 따르면 개편 당시 안악읍을 중심으로 하여 용순면, 대원면, 문산면, 용문면 일부를 안악군으로 귀속시켰고 북쪽의 은홍면, 대행면, 하서면, 안곡면과 용문면 일부를 합쳐 은천군을 신설하여 군청 소재지를 은홍면 온정리에 두고 이곳을 읍으로 승격시켰다. 이 책은 개편 이전의 황해도 행정 구역을 기준으로 한다.

현지 조사는 2017년, 2018년 두 차례에 걸쳐 중국 길림성 류하현에서 진행하였다. 대면 조사 시 주로 제보자들의 자연 발화를 녹취했고 崔明玉(1982:205-226), 한성우(2006:198-212) 등에서 제시한 용언 어간의 활용표, 한국 국립국어원의 지역어조사추진위원회에서 펴낸 '지역어 조사 질문지' 등을 활용하여 조사 항목을 작성하여 조사하였다. 녹음은 'SONY ICD-UX560F' 녹음기로 했고 음성 자료는 'ELAN(5.2Version)'로 전사하였다.[15] 이렇게 확보된 음성 자료를 바탕으로 안악 지역어의 음운 목록을 확정하고, 어간, 어미, 조사의 기저형을 설정할 것이다. 기저형 설정에 있어서는 최명옥(2008), 이진호(2015) 등에서 제시한 방법을 따라 확정된 기저형을 바탕으로 주로 형태소 경계에서 나타나는 공시적인 음운 현상을 기술하되 필요에 따라 통시적인 음운 변화도 함께 살펴본다.

1.4. 이 책의 구성

이 책은 황해도 안악 지역어에 대한 음운론적 연구로서 다음과 같이 총 5장으로 구성된다. 제1장은 서론이고 제2장에서는 수집한 자료를 바탕으로 안악 지역어의 음소 목록과 운소 목록을 제시하고 이 지역어의 음운 특징을 드러내는 자음, 모음에 관련되는 몇 가지 통시적인 현상도 함께 논의할 것이다. 제3장에서는 기존 연구에 제시된 기저형 설정 방법에 따라 안악 지역어의 어간, 어미, 조사의 기저형을 설정한다. 제4장에

---

15 'ELAN'은 비디오나 오디오 리소스에 주석을 생성하기 위한 전문 도구이다. 이 책은 'Max Planck Institute for Psycholinguistics' 홈페이지에서 제공한 'ELAN 5.2' 버전을 이용하여 채취한 음성 자료를 텍스트로 전사하였다.

서는 대치, 탈락, 축약, 첨가 등 공시적인 음운 현상을 관찰, 기술하고
제5장에서는 이 책의 내용을 요약하며 향후의 연구 과제를 제시한다.

제2장

음운 목록

음운 목록

이 장에서는 안악 지역어의 음운 목록에 대하여 논의한다. 음운 목록은 음소 목록과 운소 목록으로 나누는데 음소 목록은 다시 자음 목록, 활음 목록, 모음 목록으로 나누어서 살펴본다.

2.1 자음

안악 지역어의 자음 목록은 다음과 같은 최소 대립쌍을 통하여 확인해 본다.

(1) ㄱ. 불(火), 뿔(角), 풀(糊), 물(水)   -- ㅂ, ㅃ, ㅍ, ㅁ
　　ㄴ. 달(月), 딸(女), 탈(頉)   -- ㄷ, ㄸ, ㅌ
　　ㄷ. 살(膚), 쌀(米), 날(日), 칼(刀)   -- ㅅ, ㅆ, ㄴ, ㅋ
　　ㄹ. 짜다(鹹), 차다(冷)   -- ㅉ, ㅊ
　　ㅁ. 자다(宿), 하다(爲)   -- ㅈ, ㅎ

ㅂ. 가다(去), 까다(孵)　　　　-- ㄱ, ㄲ
ㅅ. 말(語), 망(碾, 맷돌)　　　　-- ㄹ, ㅇ[ŋ]

(1)에서 보듯이 안악 지역어에는 /ㅂ, ㅃ, ㅍ, ㅁ, ㄷ, ㄸ, ㅌ, ㅅ, ㅆ, ㄴ, ㅋ, ㅉ, ㅊ, ㅈ, ㅎ, ㄱ, ㄲ, ㄹ, ㅇ[ŋ]/ 등 총 19개의 자음이 확인된다.[1]

여기서 후두 폐쇄음 'ㆆ[ʔ]'을 음소로 안악 지역어의 자음 목록에 설정할 필요가 있는지 살펴본다. 우선, 林錫圭(2007:14)에서 소개한 바와 같이 자음 'ㆆ'은 관형형 어미의 기저형을 'ㅭ'으로 설정하는 데에서부터 도입되어 'ㅅ'불규칙 용언 어간의 기저형 설정까지 적용되어 왔다.[2] 황해도 은율, 송화 지역의 방언 자료를 제공, 연구한 고동호·장승익(2018), 장승익(2018)에서는 'ㆆ'을 별도의 음소로 설정하지 않았으나 자료를 전사하는 과정에서 'ㆆ'의 존재를 인정하였다.[3] '이렇게'의 방언형이 [이리께]로 실현될 때 '이맇게'로 전사한 것 등이 그 증거가 된다. 한편, 宋讚和(1992:30)에서는 한반도 분단 이전에 황해도에 속하던 백령도 지역어에서도 'ㆆ'의 존재를 확인할 수 있다. 중앙어의 '끊다', '뚫다'가 각각 [끈따], [뚤따]로 실현되고, [끈꾸], [끈찌] 및 [뚤찌], [뚤꾸] 등 활용형이 있는 것으로 보아, 백령도 지역어에서는 'ㅀ', 'ㅭ'으로 끝나는 용언 어간이 'ㅭ', 'ㄴㆆ'을 가진 것으로 재구조화되어야 한다. 아울러 이지애(2011:6)

1　이진호(2010ㄱ:119), 이진호(2017:502)에서는 최소 대립쌍 및 최소 대립군(minimal set)의 개념을 구별하고 있는데, 즉 최소 대립쌍은 동일한 위치에 놓이는 한 음운만 차이가 남으로써 그 뜻이 구별되는 두 단어의 묶음을 가리킴에 비해 최소 대립군은 그러한 관계에 있는 단어의 모든 묶음을 가리킨다. 이에 따르면 (1ㄱ)-(1ㄷ)의 예들은 최소 대립군에 해당된 것이다.

2　구체적인 논의는 金完鎭(1972:282), 李翊燮(1972:102), 崔明玉(1978:80) 등을 참조할 수 있다.

3　장승익(2018:31)에서는 지역어 자료를 전사할 때 'ㆆ'이 어문 규정에 제시된 것 이외의 환경에서 된소리로 실현되는 경우에 사용하였다고 밝힌 바가 있다.

에서는 황해도 연백과 가까운 거리의 강화도 교동 지역어에서 '나쿠(産)', '나꾸(戀)'의 최소 대립쌍에 의하여 'ㅅ'불규칙 용언 어간 '낫-'의 기저형을 /낳-/으로 설정하고 있다. 안악 지역어의 경우 위와 같은 예들이 없고 또 'ㅅ'불규칙 용언 어간을 복수 기저형을 가진 것으로 설정하므로 자음 목록에 기저 음소 'ㅎ'을 설정하지 않는다.

이상과 같이 안악 지역어의 자음 목록에 /ㅂ, ㅃ, ㅍ, ㅁ, ㄷ, ㄸ, ㅌ, ㄴ, ㄹ, ㅅ, ㅆ, ㅈ, ㅉ, ㅊ, ㄱ, ㄲ, ㅋ, ㅇ[ŋ], ㅎ/으로 총 19개의 자음이 확인된다. 그러나 이들 자음의 분포 제약, 일부 자음의 음가 등은 중부 방언의 그것과 완전히 일치하지는 않는다. 다음으로 안악 지역어에서 자음 'ㅈ, ㅉ, ㅊ'의 음가, 어두 위치의 'ㄴ', 한자어 어두 위치의 'ㄹ' 등을 간단히 살펴본다.

① 자음 'ㅈ, ㅉ, ㅊ'의 음가

일반적으로 평안도 방언 및 육진 방언에서는 'ㅈ, ㅉ, ㅊ'이 치조음 [ʦ], [ʦ'], [ʦʰ]로 발음되고 다른 방언에서는 경구개음 [ʧ], [ʧ'], [ʧʰ]로 발음된다(최명옥 2015:81 등). 따라서 평안도 방언과 경기도 방언의 중간 지역에 위치하는 황해도 방언에서 자음 'ㅈ, ㅉ, ㅊ'의 음가는 주목할 필요가 있다.

먼저 小倉進平(1944ㄴ/2009:338)에 따르면 'ㅈ, ㅊ'이 황해도 대부분 지역에서 [ʦ]/[dz], [ʦʰ]로 발음되고 남부의 금천, 연안 지역에서는 분명하게 [ʧ]/[dʒ], [ʧʰ]로 발음된다. 한편, 金英培(1981:31-32)에서는 'ㅈ, ㅊ'이 [ʧ], [ʧʰ]로 발음되는 지역이 황해도 연백, 금천에서 해주, 평산, 신계, 옹진, 곡산으로 확대되었음을 다음과 같은 지도로 제시하고 있다.

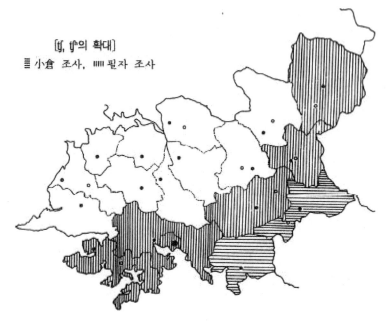

〈지도 2〉 [ʧ, ʧʰ]의 확대(金英培 1981:32/1997ㄱ:887)

이 외에, 郭忠求(2001:241)에서는 월남한 황해도 화자들을 대상으로 한 조사에서 'ㅈ'이 대략 황해도 중부 이북 지역에서 [ʦ]로 실현됨을 확인한 바가 있고 대체로 'ㅡ'모음 앞에서 정확하게 [ʦ]로 들렸다고 보고하였다. 장승익(2018:55-74)에서는 황해도 은율, 송화 출신의 남녀 화자 여러 명을 대상으로 'ㅈ'의 음가를 실험음성학적 방법을 통해 분석하였다. 그 결과, 'ㅈ'의 조음 위치가 변화 중이지만 두 지역 출신의 여성 화자들 사이에 'ㅈ'을 치조음으로 발음하는 경우가 확인되었다.

또한, 황해도 방언을 반영하는 문헌 자료의 표기를 통해 18, 19세기 당시 황해도 서북 지역의 방언에서 자음 'ㅈ, ㅊ'의 음가가 치조음이었음이 확인된다. 김주원(1994:34-36)에 따르면 1765년에 간행되어 안악을 비롯하여 재령, 신천, 송화, 은율을 포함하는 황해도 서북 지역의 방언을 반영하는 ≪보권염불문(普勸念佛文)≫에서 표기상 '자쟈, 저져, 조죠' 등이 명확히 구별되고 있는 것으로 보아, 18세기 중엽의 황해도 방언에서 'ㅈ, ㅊ'의 음가가 치조음 [ts], [tsʰ]이었음을 판단할 수 있다. 김동언(2004)에서는 19세기 후기 황해도 신천 지역에서 사용된 언어를 반영했으리라 추정되는 ≪이언사총(俚言四叢)≫에서 나온 예들을 통해 당시 'ㅈ, ㅊ'의 음가에 대해 검토하였다. 김동언(2004:132)에 따르면 해당 자료의 표기에서 'ㅈ, ㅊ' 뒤에 활음 'j'가 실현되지 않았으나 당시 신천 지역의 'ㅈ, ㅊ'은 여전히 치조음이었을 가능성이 있다고 제기하였다.

  반면에, 황대화(2007:23)에서는 황해도 방언에서 자음 'ㅈ, ㅊ'에 대해 더 자세한 현지 조사를 통해 확인할 필요가 있다고 하며 'ㅈ, ㅊ'을 경구개음으로 분류하였다. 안악 지역의 자음 'ㅈ, ㅉ, ㅊ'이 'ㅣ' 이외의 모음 앞에서 치조음 [ts], [ts'], [tsʰ]로 실현되고 모음 'ㅣ' 앞에서는 치조음과 경구개음 사이의 음으로 발음되는 것을 포착하였다. 아울러 안악 지역 출신 화자들의 자연 발화에서는 이른바 'ㄷ'구개음화를 겪지 않은 어형이 많이 사용된다. 형태소 내부에서 '뎧다(搗), 디내보다(지내보다), 테다보다(眄)' 등처럼 'ㄷ'구개음화를 겪지 않은 어형만 쓰이는 경우가 있다. 물론 '더~저, 더기~저기, 더거~저거, 바디~바지, -디~-지, -디 않다~-지 않다' 등처럼 'ㄷ'구개음화를 겪은 어형 및 겪지 않은 어형들이 공존하고 있으나 전자가 더 많이 사용된다. 또한, 파생어 또는 합성어의 경우, '-거티(-같이), 마디(眂, 맏이)'나 '바디랑(밭이랑)' 등에서 'ㄷ'구개음화를 겪지 않은 어형이 더 많이 쓰인다.

② 'ㅅ'이 구개음 [ʃ]로 실현되는 문제

小倉進平(1944ㄴ/2009:338)에 따르면 역사적으로 '샤, 셔, 쇼, 슈'를 가졌던 단어들이 황해도 방언에서는 모두 '사, 서, 소, 수'로 실현된다. 그러나 고동호·장승익(2018)에서는 황해도 은율, 송화 지역에 'ㅅ'이 구개음으로 실현된 예들이 발견된다.

(2) ㄱ. 몽땅 서루 <u>셤을</u> 간 그야.
　　　 (몽땅 서로 섬으로 간 거야.)<은율 p93>[4]
　　ㄴ. 지금 저이 저이 안떼나 <u>셰운</u> 데 그그보고 머이지?
　　　 (지금 저기 저기 안테나 세운 곳 거기더러 뭐라고 하지?)<송화 p265>

(3) ㄱ. 배가 들와서 <u>그그셔</u> 우리 시아재랑.
　　　 (배가 들어와서 거기에서 우리 시아주비랑.)<은율 p87>
　　ㄴ. 한분은 자는디 우리 <u>고향으스두</u> 그 지진이 일어낫댓으.
　　　 (한번은 자는데 우리 고향에서도 그 지진이 일어났었어.)<은율 p146>

(2)에서는 역사적으로 '셔, 셰'였던 단어들이 은율, 송화 지역어에서 그대로 실현되며 'ㅅ'이 구개음으로 발음된 것이 확인된다. 반면에, (3)에서 '거기+에서'의 통합으로 '그그셔'가 이루어진 것, 그리고 '에서'가 '으스'로 발음되는 것 등에서 보듯이 'ㅅ'이 구개음으로 실현된다. 그 외

4　이 책에서는 고동호·장승익(2018)의 예문을 인용할 때 지역 및 쪽 번호를 밝히기 위하여 <지역 명칭 p00>로 표기한다.(예: <은율 p93>, <송화 p265>는 각각 고동호·장승익(2018:93), 고동호·장승익(2018:265)에서 은율, 송화 지역 출신 화자들의 자연 발화를 전사한 것을 예문으로 가져온 것이다.

안악 지역어에서 'ㅅ'이 구개음으로 실현된 경우가 있다.

   (4) ㄱ. 가심(가슴), 심(힘)
       ㄴ. 셤(시험), 퉤슈(퇴임)
       ㄷ. 평셰(평시에)

  (4)는 모두 'ㅅ'이 구개음 '[ʃ]'으로 실현된 예들이다. (4ㄱ)은 단모음 'ㅣ'와 통합할 때 'ㅅ'이 구개음으로 실현된 것이고 (4ㄴ-ㄷ)은 'j'계 이중모음이 뒤에 오는 경우에 'ㅅ'이 음성적으로 구개음으로 실현된 것이다. (4ㄱ)의 '가심'은 안악 지역어에서 제2음절의 'ㆍ'가 'ㅡ'로 된 후에 'ㅅ' 뒤에 있는 'ㅡ'가 전설모음화 하여 'ㅣ'로 바뀌어, 즉 '가ᄉᆞᆷ>가슴>가심'의 변화를 거쳐서 실현된 것으로 여겨진다. 명사 '힘(力)'이 '심'으로 된 것은 소위 'ㅎ'구개음화가 적용된 결과이다.[5] (4ㄴ)의 '셤'은 명사 '시험(試驗)'이 모음 사이에 'ㅎ'이 탈락하여 '시엄'이 이루어진 다음에 음절 축소로 '셤'으로 변화하였다.[6] '퇴임(退任)'에 대한 방언형 '퉤슈'는 중국어 '退休[tuì xiū]'의 발음을 그대로 차용한 것으로 보인다. (4ㄷ)의 '평셰'는 'ㅣ'로 끝나는 명사 '평시(平時)' 뒤에 격조사 '-에'가 결합하여 'j'활음화를 겪은 결과로 보인다. (4)는 치조음 'ㅅ'이 모음 'ㅣ'나 활음 'j'와 연결할 때 음성적으로 구개음 [ʃ]으로 실현되는 것을 보여줄 뿐, 'ㅅ'의 음소적 지위가 달라지는 것은 아니다.

---

5   곽충구(2001:411)에서는 황해도 방언에서 'ㅎ'구개음화 현상이 왕성하게 전개되었다고 밝힌 바가 있다.

6   이 외에, 단어 '상놈(常놈)'이 안악 지역어에서 '썅놈'으로 실현된다. 한편, 고동호·장승익(2018:54)에서 '수염(鬚髥)'이 '셤'으로 실현된 경우도 있다.

③ 어두 위치의 'ㄴ'

중앙어의 경우 역사적으로 어두 위치에 원래 'ㄴ+ㅣ/j'였던 단어에서 'ㄴ'이 모두 탈락하는데 방언에 따라 어두의 'ㄴ'이 유지되는 경우가 있다. 우선, 小倉進平의 자료에 따르면 황해도 황주에서 '니(齒), 닉다(熟), 닢사귀(葉), 니서방(李書房), 니저버린다(忘)' 등 단어처럼 역사적으로 어두 위치에 있었던 'ㄴ'이 그대로 유지된다. 그러나 小倉進平(1944ㄴ/2009:342)에서는 황해도 남쪽으로 내려가면서 이 현상이 사라지고 특히 '齒'의 경우 재령, 서흥에서 '이~니'로 발음하는 것을 제외하면 황해도 다른 지역에서는 모두 '이'로 발음된다고 한다. 또한, 金英培(1981:28)에서는 '齒, 熟, 葉, 李書房, 忘' 등을 재조사한 결과, 황주 지역마저 'ㄴ'탈락을 완전히 수행한 어형으로 나타난다고 하였다. 그러나 황대화(1998:153-154)에 따르면 황주뿐만 아니라, 수안, 연산, 사리원 등 지역에서도 '닢사구, 닙다, 닐곱, 니불' 등 단어처럼 'ㄴ'이 유지되었다. 또한, 황대화(2007:131-132)에서는 황해도 방언에서 한자어, 외래어, 고유어에 크게 상관없이 첫음절의 '냐, 녀, 뇨, 뉴, 니'가 일반적으로 초성 'ㄴ'이 탈락되었으나 역사적으로 어두 위치의 'ㄴ'이 그대로 유지되는 지역도 있다고 한다.[7] 金英培(1981) 및 황대화(1998), 황대화(2007)의 이러한 차이는 제보자에서 비롯된 것으로 추측된다. 金英培(1981)은 한국에 거주하는 황해도 출신 제보자들을 대상으로 조사한 것이기 때문에 해당 화자들은 중앙어의 영향으로 두음법칙이 적용된 어형을 받아들인 것으로 여겨진다.

---

[7]   해당 예들로는 '닢(황주)', '니(황주 · 서흥)', '닙다(황주)', '니불(황주 · 연탄)', '닐곱(황주 · 수안 · 사리원)', '내기(황주 · 수안 · 곡산 · 서흥 · 린산 · 사리원 · 봉산 · 연탄)' 등이 제시되었다. 또한 '葉'의 의미를 가진 '잎사귀'는 '니파구' 또는 '이파구'로 널리 사용된다고 한다.

안악 지역어의 경우 어두 위치에 자음 'ㄴ'이 모음 'ㅣ'나 활음 'j'와 함께 쓰이는 경우가 있다.

(5) ㄱ. 니(虱), 니빨(齒)
　　ㄴ. 옆(傍), 여름(夏), 옛날(昔)
　　ㄷ. 니~이(齒), 니파구~이파구~잎사구(葉), 녀자~여자(女子)
　　ㄹ. 넌세(年歲)

(5ㄱ)은 역사적으로 어두 위치의 'ㄴ'이 모음 'ㅣ' 앞에 그대로 유지된 것이고 (5ㄴ)은 어두 위치의 'ㄴ'이 'j' 앞에서 탈락된 예들이다. (5ㄷ)은 'ㄴ'유지 어형과 'ㄴ'탈락 어형이 공존하는 경우이고 (5ㄹ)은 어두의 'ㄴ'을 유지하되 활음 'j'가 탈락된 경우이다. 한편, (5ㄱ), (5ㄷ)에서처럼 모음 'ㅣ'나 'j' 앞에서 'ㄴ'은 구개음 [ɲ]으로 발음된다. 이 외에, 통시적으로 공존하였던 '넣다, 녛다'가 안악 지역어에서 '넣다~옇다~닣다'로 실현된다. 그러므로 안악 지역어에서 역사적으로 'ㄴ+ㅣ/j'의 음절 구조를 가진 단어 중 일부에서는 'ㄴ'이 유지되고 일부에서는 중부 방언처럼 'ㄴ'이 탈락되거나 그러한 변화를 겪는 중이라 하겠다.

④ 한자어 어두 위치의 'ㄹ'

小倉進平(1944ㄴ/2009:342-344)에 따르면 황해도 방언에서는 어두 위치에 'ㄹ+ㅣ/j' 구조가 서울 지방과 같이 모두 'ㄹ'이 없는 형태로 실현된다. 즉, 'ㄹ>ㄴ>ø'에서와 같이 한자어 어두의 'ㄹ'이 'ㄴ'으로 된 후에 'ㄴ'이 두음법칙에 의해 다시 탈락한다. 황대화(2007:133)에서는 모음 'ㅣ'나 활음 'j' 앞에 오는 한자어의 'ㄹ'이 단어 첫머리에서 일반적으로 탈

락된다고 하였다. 이 책의 조사에 따르면 안악 지역어에서는 어두 위치
에서 'ㄹ'이 'ㅣ'나 'j'와 함께 나타나는 경우가 소수 존재하고 대부분 경
우 'ㄹ'이 'ㄴ'으로 실현되거나 'ㄹ>ㄴ' 변화를 거쳐 'ㄴ'이 탈락한다.

(6) 류하(柳河), 류선성(柳先生), 리별~이별(離別)

(7) ㄱ. 니가(李家), 니빨관(理髮館), 녜절(禮節)
   ㄴ. 양식(糧食), 역사(歷史), 열사증(烈士證)[8]
   ㄷ. 이해~니해(理解), 육일~눅일(六日), 영감~농감(令監)
   ㄹ. 너관(旅館)

(6)-(7)에서 보듯이 원래 어두 위치에 'ㄹ'이 있었던 단어들이 다양하
게 실현된다. (6)은 한자어 어두의 'ㄹ'이 유지된 예들이다. 우선, '류'의
실현은 중국 지명 또는 성씨에 쓰이는 '柳[liǔ]'의 중국어 발음 영향을 받
은 것으로 여겨진다.[9] 또한, '리별~이별'처럼 'ㄹ'유지 어형 및 어형 'ㄹ'
이 'ㄴ'으로 바뀐 후에 'ㄴ'이 다시 탈락된 어형이 공존하는 경우도 있
다. 한편, '리'의 실현도 중국어 '離[lí]'의 발음을 그대로 반영한 결과로
보인다. (7ㄱ)은 'ㄹ'이 'ㄴ'으로 변화된 예들이고 (7ㄴ)은 어두의 'ㄹ'이
'ㄴ'으로 바뀐 후에 'ㄴ'이 다시 탈락한 예들이다. (7ㄷ)은 'ㄹ'이 'ㄴ'으
로 된 후에 'ㄴ'탈락 어형 및 'ㄴ'유지 어형이 공존하는 예들이다. 여기
서 '나이가 많아 중년이 지난 남자를 대접하여 이르는 말'과 '나이든 부

---

8   중국에서 나라 또는 공익(公益)을 위하여 희생한 사람에게 수여되는 명예 증명서이다.
9   어두 위치에서 'ㄹ'을 가진 외래어 단어가 많이 조사되지 못하였으나 '라이터(lighter)'의
    경우 이 지역어에서는 '나이타'로 발음된다. 또한, 자연 발화에서 카세트(cassette)를 뜻하
    는 단어로 '루인지'가 사용되는데 이는 중국어 단어 '錄音機[lù yīn jī]'가 그대로 발음된
    것이다.

부 사이에서 아내가 그 남편을 이르거나 부르는 말'로 두루 사용되는 명
사 '영감~농감'이 있는데, '영감'은 '령감>녕감>영감'에서와 같이 어두
위치에서 'j' 앞에 'ㄹ'이 'ㄴ'으로 된 후에 'ㄴ'이 탈락한 결과이고, '농
감'은 '령감'에서 'ㄹ>ㄴ>ø', 'ㅕ>ㅗ' 및 'j'탈락의 적용으로 나타난 결과
이다.[10] (7ㄹ)의 '너관'은 '려관>녀관>너관'에서와 같이 어두 위치에서
'j' 앞에 있는 'ㄹ'이 'ㄴ'으로 되고 'j'가 탈락한 것이다.

위에서 자음 'ㅈ, ㅉ, ㅊ'의 음가 및 자음 'ㅅ, ㄴ, ㄹ'이 음성적 구개음
으로 실현되는 등 문제들을 살펴보았는데, 결론적으로 안악 지역어의 자
음 목록에는 /ㅂ, ㅃ, ㅍ, ㅁ; ㄷ, ㄸ, ㅌ, ㄴ, ㄹ, ㅅ, ㅆ, ㅈ, ㅉ, ㅊ; ㄱ,
ㄲ, ㅋ, ㅇ[ŋ]; ㅎ/으로 총 19개의 자음이 확인된다.[11]

2.2 활음

안악 지역어에서 활음 'j, w'의 존재는 다음과 같은 최소 대립쌍을 통
하여 확인할 수 있다.

     (8) 양(羊), 왕(王)　　　　　　　　-- j, w

(8)에서 보듯이 [jaŋ]과 [waŋ]의 최소 대립쌍에서 활음 /j/와 /w/가
확인된다.[12]

10　같은 뜻으로 사용된 어형으로 '용감'도 있다. 즉 안악 지역어에서 '영감~용감~농감'처럼
　　세 가지 어형이 공존한다.
11　이들 자음 중 'ㅇ[ŋ]' 이외에 나머지 18개 자음이 모두 어두 위치에 올 수 있다.
12　이진호(2010ㄱ:133)에 의하면 '양(羊)'과 '왕(王)'은 한자어라는 특수성 때문에 타당한

2.3 모음

여기서는 단모음과 이중모음을 나눠서 논의한다.

2.3.1 단모음

황해도 방언에 /ㅣ, ㅡ, ㅜ, ㅔ, ㅚ, ㅓ, ㅗ, ㅐ, ㅏ/ 총 9개의 단모음이 있다는 것은 기존 연구들 중에 크게 이견이 없다(한영순 1967:62, 金英培 1981: 15, 곽충구2001:409, 황대화 2007:21 등).[13] 그러나 몇몇 모음의 분류(혹은 모음 체계)에서 약간의 차이를 보이므로 연구 대상별로 황해도 방언의 단모음에 관한 기존 연구들을 먼저 살펴본다. 우선, 황해도 원주민의 말을 대상으로 연구한 한영순(1967:62), 황대화(2007:21)에 제시된 황해도 방언의 모음 체계는 다음과 같다.

〈표 1〉 황해도 방언의 단모음 체계1(한영순 1967:62)

혀의 높아지는 부분 / 혀의 높이	앞		가운데		뒤		
	비원순	원순	비원순	원순	비원순	중간	원순
높은	ㅣ		ㅔ		ㅓ	ㅡ	ㅜ
낮은			ㅐ	ㅚ	ㅏ		ㅗ

최소 대립쌍으로 인정하기 어렵다. 그러나 이 책의 주 제보자에게는 고유어와 한자어에 대한 구분 인식이 거의 없으므로 여기서는 '양과 '왕'을 최소 대립쌍으로 설정하기로 한다.

13 이 중에서 한영순(1967)의 제보자 나이 상황을 알 수 없고 나머지 연구의 제보자들은 60대정도 되는 노년층이다. 이외에 황해도 출신 30-40대 새터민 6명의 발화를 연구 대상으로 한 강순경(1990:354)에 따르면 황해도 방언에서 모음 'ㅟ'가 'ㅣ'로, 'ㅚ'가 주로 'ㅔ, ㅞ'로 발음되고 모음 'ㅡ'가 'ㅜ'로, 모음 'ㅓ'가 'ㅗ'로 융합하며 모음 'ㅐ'는 'ㅔ'와 융합함으로써 현재 황해도 방언에서 /ㅣ, ㅔ, ㅏ, ㅗ, ㅜ/로 되는 5개 단모음 체계로 변해가고 있다.

〈표 2〉 황해도 방언의 단모음 체계2(황대화 2007:21)

혀의 위치 입술 모양 혀의 높이	전설모음		후설모음	
	평순모음	원순모음	평순모음	원순모음
고모음	ㅣ		ㅡ	ㅜ
중모음	ㅔ	ㅚ	ㅓ	ㅗ
저모음	ㅐ		ㅏ	

또한, 월남한 황해도 출신 화자들의 발화를 대상으로 한 金英培(1981: 15)에서는 황해도 방언의 단모음 체계가 다음과 같이 제시된다.

〈표 3〉 황해도 방언의 단모음 체계3(金英培 1981:15)[14]

	−back		+back	
	−round	+round	−round	+round
+high	ㅣ		ㅡ	ㅜ
-high -low	ㅔ	ㅚ	ㅓ	ㅗ
+low	ㅐ		ㅏ	

위 <표 1-3>에서 보여주는 황해도 방언의 단모음 수효(9개)는 같지만 발음할 때 혀의 전후 위치와 높낮이, 입술 모양에 따른 모음 체계에는 <표 1>이 <표 2>, <표 3>과 다르게 되어 있다. 이러한 차이는 북한 학자가 가지는 모음 분류에 대한 인식에서 비롯된 것으로 보인다. 또한, <표 2>와 <표 3>은 각각 황해도 원주민 및 월남한 황해도 도민을 대상

---

14 金英培(1981:15)에서는 단모음 /ㅣ, ㅡ, ㅜ, ㅔ, ㅚ, ㅓ, ㅗ, ㅐ, ㅏ/ 등을 국제음성기호 /i, ɯ, u, e, ø, ə, o, ɛ, a/등으로 표기하였다. 金英培(1981) 등 다수의 논의에서 단모음 'ㅚ'와 'ㅟ'의 국제음성기호 [ø]와 [y]로 표기하는데 이 책에서는 단모음 'ㅚ', 'ㅟ'를 각각 [ö], [ü]로 표기한다. 또한 후설 비원순 고모음 'ㅡ'의 국제음성기호는 [ɨ]로 표기한다.

으로 하는 데에 차이가 있을 뿐 실제로는 동일한 모음 체계를 보여주고 있다.[15] 한편, 위에서 제시한 세 가지 체계도의 공통점은 중부 방언에 있는 단모음 'ㅟ'가 이 방언에서 빠지고 단모음 'ㅚ'가 남아 있다는 것이다.

안악 지역어의 단모음 목록을 다음과 같은 최소 대립쌍들을 통해 확인해 본다.

(9) ㄱ. 나(我), 너(汝), 뇌(腦)   -- ㅏ, ㅓ, ㅚ
    ㄴ. 내(나의), 네(너의)   -- ㅐ, ㅔ
    ㄷ. 들다(擧), 돌다(週)   -- ㅡ, ㅗ
    ㄹ. 지다(負), 주다(授)   -- ㅣ, ㅜ

(9)에서 보듯이 안악 지역어에서는 /ㅏ, ㅣ, ㅓ, ㅡ, ㅗ, ㅜ, ㅐ, ㅔ, ㅚ/ 총 9개 단모음이 확인된다. 이들 중 'ㅚ'에 대해서는 약간의 부가 설명이 필요하다.

황해도 방언에서 원순성을 가진 단모음 'ㅚ'에 대하여 小倉進平(1944ㄴ/2009:354-357)에서는 /ㅚ/가 단모음 [ö], [e] 및 이중모음 [we]로 발음되는 경우가 있다고 하였으며, 그와 동일한 이유로 한영순(1967:63)에서는 단모음 'ㅚ'가 확고한 자리를 차지하고 있지 못한다고 하였다. 그리고 金英培(1981:11)에서는 /ㅚ/가 이중모음 [we]로 발음되는 경우가 많으므로 이를 안정되지 못한 음소로 보았으며 황해도 출신 노년층 화자를 대상으로 조사한 곽충구(2003:75)에서는 'ㅚ'의 원순성이 극도로 약화되어 있어 모음 [e]로 변화한 경우가 많다고 하였다. 안악 지역어의 경우에도 단모음 /ㅚ/는 불안정한 모습을 가지며 이는 다음 예들을 통하여 확인

---

15 물론 <표 3>의 체계도가 변별적 자질에 의한 것이라는 점이 <표 1>, <표 2>와의 차이점으로 여겨질 수도 있다.

할 수 있다.

(10) ㄱ. 뇌(腦), 되다(硬)　　　　　　　-- [ö]

　　　ㄴ. 에상(睗), 메(墓)　　　　　　　-- [e]

　　　ㄷ. 쉐(鐵), 열쉐(钥)　　　　　　　-- [we]

　　　ㄹ. 앤짝(왼쪽), 대다(爲)　　　　　　-- [ɛ]

　　　ㅁ. 왜국(外國), 홰장(會長)　　　　　-- [wɛ]

　　　ㅂ. 외할매~애할매~왜할매(外祖母)　　-- [ö]~[ɛ]~[wɛ]

　(10ㄱ-ㅁ)은 'ㅚ'가 단어에 따라 단모음 [ö], [e], [ɛ] 및 이중모음 [we], [wɛ]로 발음된 예들이고 (10ㅂ)은 같은 단어인데도 불구하고 'ㅚ'가 수의적으로 [ö], [ɛ], [wɛ]로 실현된 예들이다. 小倉進平(1944ㄴ/2009: 354)에서는 '외국(外國)', '괴이(怪異)', '쇠잔(衰殘)', '회답(回答)', '집회(集會)' 등 단어에서의 '외, 괴, 쇠, 회' 등은 은율, 안악, 황주 등 황해도 대부분 지역에서 [ö]로 발음된다고 보고하였다. 즉 20세기 초의 황해도 방언에서 단모음 'ㅚ[ö]'는 어두와 비어두 위치에 모두 분포하였다고 말할 수 있다. 한편, 강순경(1999ㄱ:352)에 따르면 'ㅚ'은 황해도 방언에서 단모음 [e], [ɛ], [ö] 및 이중모음 [we]로 실현된다. 지역으로 보면 경기도와 인접한 개성, 청단 출신 화자가 'ㅚ'를 [e], [we]로 발음하고 황해도 북쪽에 있는 은파 출신 화자가 'ㅚ'를 [ɛ], [ö]로 발음한다. 이상으로 황해도 방언에서 모음 'ㅚ'의 불안정성은 20세기 초부터 적어도 20세기 말까지 지속되어 왔음을 확인할 수 있다.

　앞서 언급하였듯이 황해도 방언에는 모음의 합류 현상이 있는데 주로 'ㅡ'가 'ㅓ'로, 'ㅡ'가 'ㅜ'로, 'ㅐ'가 'ㅔ'로, 'ㅓ'가 'ㅗ'로의 합류 방향을 보인다(한영순 1967:63, 金英培 1981:10-13, 강순경 1990ㄱ:354, 장승익 2018:88-89 등).[16] 안악 지역어는 9모음 체계를 유지하고 있지만 몇몇 모음의 음성적 실현은 어휘에 따라 달라진다. 여기서 간단하게 어휘에 따른 모음의 음성적 실현 양상을 살펴본다.

① 모음 'ㅐ'와 'ㅔ'

이 책의 조사에 의하면 안악 지역어에서 모음 'ㅐ'와 'ㅔ'는 잘 구별된다.

> (11) ㄱ. 내(나의), 네(너의)
> ㄴ. 재간(才幹), 제사(祭祀)
> ㄷ. 양재기(洋재기), 경제(經濟)

(11ㄱ)에서처럼 최소 대립쌍이 뚜렷이 존재하고 (11ㄴ·ㄷ)에서 보듯이 어두나 비어두 위치에서 'ㅐ'와 'ㅔ'가 혼돈되지 않는다. 金英培(1981:9-10)에 따르면 비어두 위치의 자음 뒤에 오는 'ㅐ'가 'ㅔ'로 합류되고 그 예로는 '갈매기(鷗)'가 '갈메기', '번개(電)'가 '번게'로 실현된 것 등이 있다. 그러나 이 책에서는 '鷗', '電'의 뜻을 가진 이들 단어는 각각 '갈매기', '번개질'로 조사되었다.

16　강순경(1990ㄱ:354)에서 모음 'ㅡ'가 'ㅜ'쪽으로, 'ㅓ'가 'ㅗ'쪽으로, 'ㅐ'가 'ㅔ'쪽으로 융합하고 있다고 하였다. 金英培(1981:10)에서는 제2음절 이하 자음 뒤에 오는 'ㅐ'가 'ㅔ'로 합류되지만 그 세력이 아직 크지 않다고 하였다. 한편, 한영순(1967:63)에서는 'ㅡ'가 'ㅓ'로 넘어가는 과정이 많이 진행되었고 장승익(2018:88-89)에서는 여성 화자의 발화에서 이와 비슷한 양상을 확인하였다. 또한, 金英培(1981:13)에 따르면 'ㅓ'가 제2음절 이하에서 'ㅡ'로 된 경우가 있고 장승익(2018:90-114)에서의 분석 결과에 따르면 어휘 형태소의 비어두 위치에서 'ㅓ'가 'ㅡ'로 많이 실현된다. 황해도 방언의 모음 체계에 대한 집중적인 언급은 아니지만, 곽충구(2003:84-85)에 따르면 북한의 지역 방언들의 모음에서 /ㅗ/의 저설화로 변화가 초래되어 /ㅡ/와 /ㅜ/, /ㅓ/와 /ㅗ/가 합류한 6모음 체계를 지향하고 있다.

② 모음 'ㅓ'와 'ㅗ'

기존 연구에 따르면 황해도 방언에서 모음 'ㅓ'가 'ㅗ'로 합류하는 경향이 있는데 이는 안악 지역어에서 다음 예들을 통하여 확인할 수 있다.

(12) ㄱ. 손자~선자(孫子), 정신~종신(精神), 아홉~아헙(九)
　　 ㄴ. 업써~옵써(無, 없어), 어퍼~오퍼(覆, 엎어)

(12)는 중앙어에서 모음 'ㅗ'를 가진 단어들이 안악 지역어에서 'ㅗ'형 및 'ㅓ'형으로 실현된 예들이다. (12ㄱ)에서 보듯이 'ㅗ'를 가진 체언 어간들이 자연 발화에서 'ㅗ~ㅓ'로 수의적으로 나타난다. (12ㄴ)은 두 가지 어형이 공존하는 용언 어간의 예들인데 어간이 'ㅓ'형이든 'ㅗ'형이든 뒤에 늘 '-어'계 어미가 결합된다. 이 책에서 'ㅓ'와 'ㅗ'를 별개의 음소로 설정하는데 이는 '널다(晒), 놀다(遊)', '넣다(放入), 놓다(放)' 등과 같은 최소 대립쌍에서 둘의 구별이 확실히 되어 있기 때문이다.

한편, 중앙어에서 'ㅓ'형으로 실현되지만 이 지역어에서는 'ㅗ'형으로 나타나거나 그 반대의 예들이 존재한다.

(13) ㄱ. 도더기(沙蔘), 소규(石油), 옴지(拇)
　　 ㄴ. 봉송화(鳳仙花), 문톡(門檻), 경홈(經驗)

(14) ㄱ. 겁(倍), 전중(尊重), 퍼대기(襁)
　　 ㄴ. 자거자대(自高自大), 벽딜(壁), 주서(住所)

(13)은 일부 단어에서 모음 'ㅓ'가 'ㅗ'로 실현된 예들이고 (14)는 'ㅗ'가 'ㅓ'로 실현된 예들이다. (13ㄱ)은 어두 위치에서의 'ㅓ>ㅗ' 현상에 해당한 것이고 (13ㄴ)은 비어두 위치에서 일어난 것이다. (13)에서 보듯

이 안악 지역어에서 확인된 'ㅓ>ㅗ' 현상은 음절 위치와 관계없이 실현된다. 그러나 '엄지>옴지, 경험>경홈'등처럼 'ㅓ'가 'ㅗ'로 나타난 것은 양순음 'ㅁ'이 가지고 있는 원순성의 양향을 받아서 이루어진 것으로 보인다. (14ㄱ)은 어두 위치에서 일어난 'ㅗ>ㅓ' 현상이고 (14ㄴ)은 비어두 위치에서 실현된 것이다. (14)의 예들로 보아, 'ㅗ'가 'ㅓ'로 된 것은 음절 위치나 특정 자음과 상관없이 일어난다. 이는 한편으로 안악 지역어에서는 'ㅓ'와 'ㅗ'의 합류가 쌍방향적으로 진행되고 있다는 것을 확인할 수 있다.

이상과 같이 안악 지역어에는 모음 'ㅓ'와 'ㅗ'의 합류가 아직 진행 중이고 이러한 합류는 주로 형태소 내부에서 일어나며 모음으로 시작되는 어미와의 활용까지 그 영향을 끼치지는 못하고 있음을 말할 수 있겠다.

③ 모음 'ㅡ'와 'ㅜ'

안악 지역어에는 '글(書), 굴(窟)', '들(野), 둘(二)' 등 최소 대립쌍에서 모음 'ㅡ'와 'ㅜ'가 구분되므로 이들을 별개의 음소로 설정하지만 이들 모음이 잘 구별되지 않는 경우도 존재한다.

(15) ㄱ. 마늘~마눌(蒜), 바늘~바눌(針), 오늘~오눌(今)
　　 ㄴ. 끄러~꾸러(引, 끌어), 끌린다~꿀린다(被引, 끌린다)

(15)는 중앙어에서 'ㅡ'로 나타난 단어들이 안악 지역어에서 'ㅡ'형 및 'ㅜ'형으로 실현된 것인데 (15ㄱ)은 'ㄴ' 뒤에 'ㅡ~ㅜ', (15ㄴ)은 'ㄲ' 뒤에 'ㅡ~ㅜ'가 공존하는 예들이다. (15)를 통하여 'ㅡ'와 'ㅜ'가 자음 'ㄴ, ㄲ' 뒤에서 구분이 어렵다고 말할 수 있다. 한편, 이러한 공존 어형 이외

에 'ㄴ'이나 연구개음 뒤의 '―'가 'ㅜ'로 나타난 경우도 있다.

(16) ㄱ. 메누리(婦), 써눌하다(冷), -누라구(-느라고)
　　　ㄴ. 구눌(陰), 나구네(旅), 뚱굴하다(圓)

(16ㄱ)은 'ㄴ' 뒤에 '―'가 'ㅜ'로 실현된 예들이고 (16ㄴ)은 'ㄱ' 뒤에 '―'가 'ㅜ'로 나타난 예들이다. 특히 (16ㄱ)의 '-느라고>-누라구'는 '―>ㅜ' 현상이 어휘 형태소 뿐만 아니라 문법 형태소까지 확대되었음을 말해준다. (15)-(16)에서 확인할 수 있는 것은 자음 'ㄴ', 'ㄱ' 뒤에서 '―'가 'ㅜ'로 바뀌거나 바뀌고 있다는 것이다. 한편, 황대화(2007:63)에서는 황해도 방언에서 첫음절이 순음으로 시작되는 조건에서 자음 'ㄴ'과 결합된 '―'가 'ㅜ'로 바뀌었다고 하며 '마늘>마눌, 며느리>메누리, 바느질>바누질' 등 예들을 제시한 바가 있는데 이는 양순음이 '―>ㅜ' 현상에 관여된 것으로 볼 수 있다. 안악 지역어에는 양순음의 원순성에 의하여 '―'가 'ㅜ'로 나타나는 예들이 존재한다.

(17) ㄱ. 나뿌다(傷), 바뿌다(忙), 고푸다(飢), 아푸다(痛), 슬푸다(悲)
　　　ㄴ. 굼강산(金剛山), 구물(網), 손굼(脯)

(17ㄱ)은 양순음 뒤에 오는 '―'가 양순음의 원순성에 의하여 'ㅜ'로 실현된 예들이고 (17ㄴ)은 양순음 앞에 있는 '―'가 'ㅜ'로 바뀐 예들이다. 안악 지역어의 경우 (17ㄴ)보다 (17ㄱ)처럼 형태소 내부에서 선행하는 양순음의 특성을 닮아서 '―'가 'ㅜ'로 실현된 예들이 더 많다. 이외에 '주룸(皺), 구룸(雲), 구묨(<그뭄, 晦), 무루팍(<무릎, 膝)' 등처럼 역사적으로 'ㅜ'를 가졌던 단어들이 이 지역어에서는 그대로 'ㅜ'로 실현된다. 한편,

(16ㄴ) 및 (17ㄴ)의 예들에서는 연구개음 뒤에 오는 '一'가 'ㅜ'로 실현되었다는 공통점이 발견된다. 위의 예들을 종합하여 보면, 안악 지역어에서 '一>ㅜ' 변화는 양순음 뒤에서 시작되어 [+grave]인 연구개음 뒤로 확대되는 경향이 있다고 추측해 본다.

안악 지역어에서 'ㅜ'가 '一'로 바뀐 현상이 많이 발견되지는 않았지만 '여을(<여흘, 灘)'처럼 역사적으로 '一'를 가졌던 단어가 이 지역어에서 그대로 '一'형으로 유지되거나 '비들기(<비둘기, 鳩)'처럼 'ㆍ'를 가졌던 단어가 'ㅜ'형이 아니라 '一'형으로 실현된 경우가 발견된다.

④ 모음 '一'와 'ㅓ'

안악 지역어에는 '들어(擧), 덜어(減)', '늘어(增), 널어(晒)' 등 최소 대립상이 존재하므로 모음 목록에 '一'와 'ㅓ'를 별개의 음소로 설정하지만 둘의 구별이 명확하지 않은 경우도 있다.

(18) ㄱ. 글~걸(書), 정말~증말(眞), 크다~커다(大)
ㄴ. 들~덜(접미사), 흑~혁(土)

(18)은 중앙어에서 '一'형으로 존재하는 단어들이 안악 지역어에서 '一~ㅓ'로 나타난 예들이다. 특히 (18ㄴ)은 이전 시기에 'ㆍ'이었던 단어들인데 여기서 '一' 대신에 '一'와 'ㅓ'의 공존 어형으로 실현된다.

金英培(1981:13)에서는 황해도 방언에서 비어두 위치의 'ㅓ'가 '一'로 변이되는 경우가 있다고 하고 장승익(2018:113)에서는 이러한 'ㅓ>一' 현상은 어두 장음과 관계없이 일어난다고 한다.[17] 안악 지역어에서는 단어에 따라 모음 'ㅓ'가 '一'로 실현되기도 하고, 반대로 '一'가 'ㅓ'로 나타나기도 한다.

(19) ㄱ. 끔하다(껌다), 씨끔하다(시꺼멓다) -드라(-더라), -든(-던)
　　ㄴ. 다슷(五), 여슷(六), 야듧(八)

(19ㄱ)은 중앙어에서 'ㅓ'형 단어들이 안악 지역어에서 'ㅡ'형으로 실
현된 예들이고 (19ㄴ)은 이전 시기에 'ㆍ'형 및 'ㅡ'형이 공존하였던 것
들이 안악 지역어에서 'ㅡ'형으로 나타난 예들이다. 특히 (19ㄱ)을 통하
여 'ㅓ>ㅡ' 현상은 어휘 형태소에서뿐만 아니라 그 영향력을 문법 형태
소에까지 미친 것으로 볼 수 있다.

⑤ 모음 'ㅗ'와 'ㅜ'

안악 지역어에서는 모음 'ㅗ'가 (13)에서처럼 'ㅓ'로 실현되기도 하지
만 더 많은 경우에는 고모음 'ㅜ'로 실현된다. 황대화(2007:44-46)에 의하
면 황해도 방언에서 'ㅗ>ㅜ' 변화는 앞에 오는 자음과 크게 관계없이 광
범위하게 일어나며 주로 비어두 위치에서 진행된다.[18] 안악 지역어에서
는 비어두 위치에서의 예들만이 확인된다.

(20) 사둔(査頓), 따루(따로), 채수(菜蔬), 삼춘(三寸), 사춘(四寸), 배꿈
　　(臍)

17　곽충구(2003:78)에서는 중부 방언과 서남 방언에서 현저하게 일어나는 'ㅓ:>ㅡ:' 고모음
　　화 현상은 장음을 가진 어두 음절 위치에서만 발견된다고 밝힌 바가 있다.
18　어두 위치에서 'ㅗ>ㅜ' 변화의 예로 황대화(2007:44)에서 '놈('남'의 비칭)'이 재령, 벽성
　　지역에서 '눔'으로 실현되는 것을 제시한 바가 있다.

(20)은 중앙어에서 'ㅗ'형이지만 안악 지역어에서는 'ㅜ'형으로 나타난 예들이다. 여기서 보듯이 'ㅗ>ㅜ' 현상은 'ㅗ'에 선행하는 자음과 비어두 위치에서 실현된다. 이외에 '닐굽~일굽(七)'처럼 역사적으로 'ㅜ'를 가졌던 단어가 안악 지역어에서 그대로 'ㅜ'형으로 유지되어 왔다. 또한, 황대화(2007:46), 고동호·장승익(2018:24) 등에서는 황해도 방언에서의 'ㅗ>ㅜ' 현상은 어휘 형태소 뿐만 아니라, 어미 및 조사 등 문법 형태소에까지 그 영향을 미치고 있다고 밝힌 바가 있다. 이는 물론 안악 지역어에서도 비슷하게 실현된다.

(21) ㄱ. -두(-도), -루(-로), -으루(-으로)
ㄴ. -구(-고), -다구(-다고), -느라구(-느라고)

(21ㄱ)은 'ㅗ'를 가진 조사들이 'ㅜ'형으로 실현된 것이고 (21ㄴ)은 'ㅗ'를 가진 어미들이 'ㅜ'형으로 나타난 것이다.

한편, 이시진(1995:469)에 따르면 적어도 1930년대에 황해도 방언에서 모음 'ㅗ'와 'ㅜ'가 혼용되고 있었다. 안악 지역어에서 비어두 위치의 'ㅗ>ㅜ' 현상이 많지만 반대로 '아모개(某), 기동(柱), 호도(胡桃)' 등처럼 원래 'ㅗ'형을 가졌던 단어들이 그대로 유지되어 왔다.

이상과 같이 안악 지역어의 모음에 관련된 변화 현상을 살펴보았는데, 그 결과 모음에 변이나 변화 현상이 존재하지만 모음끼리 최소 대립쌍으로 구분된다. 이에 따라 이 지역어의 모음 목록에는 /ㅏ, ㅓ, ㅚ, ㅐ, ㅔ, ㅡ, ㅗ, ㅣ, ㅜ/ 총 9개의 단모음을 설정한다. 한편, 혀의 위치, 입술 모양, 혀의 높이에 따라 안악 지역어의 단모음을 다시 전설모음 'ㅣ, ㅔ, ㅐ, ㅚ', 후설모음 'ㅡ, ㅓ, ㅏ, ㅜ, ㅗ', 원순모음 'ㅜ, ㅗ, ㅚ', 비원순모음 'ㅡ, ㅓ, ㅏ, ㅣ, ㅔ, ㅐ', 고모음 'ㅣ, ㅡ, ㅜ', 중모음 'ㅔ, ㅚ, ㅓ, ㅗ', 저모음 'ㅐ, ㅏ'로 나눌 수 있다. 이에 따른 모음 체계를 표로 제시하면 다음과 같다.

〈표 4〉 안악 지역어의 단모음 체계

혀의 위치	전설모음		후설모음	
입술 모양 혀의 높이	비원순모음	원순모음	비원순모음	원순모음
고모음	ㅣ		ㅡ	ㅜ
중모음	ㅔ	ㅚ	ㅓ	ㅗ
저모음	ㅐ		ㅏ	

2.3.2. 이중모음

여기서는 상향 이중모음과 하향 이중모음을 나누어서 살펴본다. 황해도 방언의 상향 이중모음에 관하여 /ㅒ/의 인정 여부에 따라 10개 이중모음(金英培 1981:20), 11개 이중모음(황대화 2007:22) 등 주장이 달라진다.[19] 고동호·장승익(2018:28, 149)에서 황해도 방언의 이중모음 목록에 관한 직접적인 언급이 없지만 제시된 예문들을 통하여 'j'계 이중모음에 'ㅒ'의 존재가 확인된다.[20]

앞에서 살펴보았듯이 안악 지역어에 활음 'j'와 'w'가 있으므로 우선 상향 이중모음을 'j'계 이중모음과 'w'계 이중모음으로 나누어서 살펴본다. 우선, 'j'계 이중모음이 출현된 예들은 다음과 같다.

---

19 宋讚和(1992:18)에서는 백령도 지역어와 황해도 장연 지역어에서 ('ㅒ' 제외) 10개의 상향 이중모음이 있다고 한다.

20 고동호·장승익(2018)의 해당 예문에서 명사 '얘기'가 확인된다. 이외에, 방언집(1937: 365)에서는 '냉이(薺)'가 안악 지역에서 '애이'로 조사되었고 황대화(2007:407)에서는 연탄, 봉산, 재령, 벽성 지역에서 '얘기'가 '내기'로 조사되었다.

(22) ㄱ. 야(애), 양발(洋襪), 위약(胃藥) -- ㅑ [ja]

　　 ㄴ. 여슷(六), 연기(煙氣), 하여튼(何如튼) -- ㅕ [jə]

　　 ㄷ. 욕(辱), 융감(令監), 모욕(沐浴) -- ㅛ [jo]

　　 ㄹ. 유월(六月), 육학년[유강년](六學年), 자유(自由) -- ㅠ[ju]

　　 ㅁ. 얘기(喗) -- ㅒ [jɛ]

　　 ㅂ. 예방(豫防), 옌날(昔), 노예(奴隸) -- ㅖ [je]

　(22)에서 보듯이 음절 위치와 관계없이 /ㅑ, ㅕ, ㅛ, ㅠ, ㅒ, ㅖ/ 총 6개의 'j'계 상향 이중모음이 확인된다. 단, (22ㅁ)의 '얘기'는 안악 지역어에서 유일하게 발견된 'ㅒ'의 실현이다.

　단모음의 개수에 따르면 'j'와 단모음 'ㅣ, ㅡ, ㅚ'가 결합하는 이중모음 'ji, jɨ, jö'도 존재할 수 있겠는데 안악 지역어에서는 이러한 이중모음은 확인되지 않는다. 즉, 이 지역어의 'j'계 상향 이중모음에는 세 개의 빈자리가 있다는 말이다. 鄭然粲(1991:382-386), 金鳳國(2002:20-21) 등에 의하면 'ji'는 이른바 구조상의 결합이 허용되지 않으므로 생긴 필연적 공백이고 'jɨ' 및 'jö'는 구조상의 결합이 가능한데 실제로 실현되지 못하기 때문에 생긴 우연적 공백으로 볼 수 있다. 'j'와 'ㅣ'는 모두 [+전설성] 자질을 가지고 있으므로 이들의 결합은 구조적으로 실현될 수 없다. 'j'와 'ㅡ'의 결합에 대한 직접적인 언급이 아니지만 고동호·장승익(2018: 17), 장승익(2018:31)에서는 은율, 송화 지역어 자료를 전사할 때 'ㅕ'가 고모음화한 결과를 'j'계 이중모음 'ㅡ[jɨ]'를 사용하였으며 그 예로는 '인은[injin](因緣), 여덥~으듭~야달~야들(八), 한긍(環境)' 등이 있다. 그러나 안악 지역어에서는 'ㅕ>ㅡ' 현상이 일어나더라도 'ㅕ'가 [jɨ]로 실현되는 경우는 찾아볼 수 없다. 오히려 'ㅕ>ㅛ' 현상 때문에 '영영>용용(永永), 령감>영감~용감~농감(令監)'에서처럼 'ㅕ'가 'ㅛ'로 나타나는 경우가 많

다. 마지막으로 'j'와 단모음 'ㅚ[ö]'의 결합은 'ö' 자체의 불안정성 때문
에 더욱 실현되기 어려워 보인다. 한편, (22)에서 확인된 6개의 'j'계 상
향 이중모음은 실제 발화에서는 여러 제약 때문에 그 분포 양상이 다를
수 있다. 다음으로 'j'계 상향 이중모음들이 자음과 통합할 때 어떻게 실
현되는지를 살펴보자.[21]

    (23) ㄱ. 눈냑(眼藥), 쟈(재), 갸(개)   -- Cja
          ㄴ. 별(星), 명심(銘心), 직녀(織女), 타령(打令), 셤(試驗)
              테격(體格), 형제~형데(兄弟)   -- Cjə
          ㄷ. 학교(學校), 비료(肥料), 효자(孝子)   -- Cjo
          ㄹ. 훌륭하다(偉), 퉤슈(退任), 소규(石油), 흉보다 -- Cju
          ㅁ. 녜절   -- Cje

    (23)은 각각 자음 뒤에 'j'계 상향 이중모음 'ㅑ', 'ㅕ', 'ㅛ', 'ㅠ', 'ㅖ'
가 통합된 예들이다. 여기서 'ㅒ'를 제외한 나머지 이중모음들은 모두
자음과 결합할 수 있음을 알 수 있다. 그리고 (23)을 통하여 안악 지역
어에서 '자음-j-모음' 연쇄가 실현되는 경우가 그리 많지 않다는 것도 확
인된다. '자음-j-모음' 연쇄에서 상향 이중모음이 제약성을 보인 이유에
대하여 金鳳國(2002:19)에서는 'j-모음' 연쇄가 통시적으로 단모음으로 축
약되거나 'j'가 탈락되었기 때문이라고 지적한 바가 있다. 한편, 곽충구
(2001:411)에서는 황해도 방언에서 형태소 내부의 'ㅕ>ㅖ' 현상이 있으며
이는 양순음, 연구개음 뒤에 필수적으로 일어난다고 하였다. 또한, 황대
화(2007:90-92)에서는 어두 위치에 있는 양순음 뒤에 결합되는 'ㅕ'가 일

---

21   金玄(2015:100)에 따르면 음운 체계를 이해할 때 형태소 내부의 연쇄에 초점을 두어 자음
      과 이중모음의 연쇄에 해당된 예만 제시한다.

반적으로 'ㅔ'로 실현되고 자음 'ㄱ, ㅎ' 뒤에서도 이러한 현상이 적지 않다고 밝힌 바가 있다. 우선, 안악 지역어에서 형태소 내부의 이중모음 'ㅕ'축약 현상은 다음 예들을 통하여 확인할 수 있다.

> (24) ㄱ. 며느리>메누리(婦), 복숭아뼈>복숭아뻬
> ㄴ. 겨드랑이>게드래이(腋), 왕겨>왕게(糠)
> ㄷ. 비녀>비네(簪), 처녀>체네(處女)
> ㄹ. 혀>헤(舌), 형편>헹펜(形便)

> (25) 겨울~게울(冬), 벼~베(稻), 명절~명질~멩질(名節), 혀다~헤다(點
> 燈)

(24)는 각각 양순음, 연구개음, 치조음, 후음 뒤에 오는 'ㅕ'가 'ㅔ'로 변화된 예들이고 (25)는 'ㅕ' 유지 어형 및 'ㅕ' 축약 어형이 공존하는 예들이다. (24)에서 보듯이 'ㅕ'에 선행하는 자음, 음절 위치와 크게 관계없이 'ㅕ'가 'ㅔ'로 축약되는 현상이 널리 실현된다.[22]

한편, 안악 지역어에서 'j'계 상향 이중모음들이 자음과 통합할 때 활음 'j'가 탈락된 경우가 확인된다.

> (26) ㄱ. 그냥>그냥~기낭, 대략>대락(大略)   -- Cja>Ca
> ㄴ. 일년>일런(一年), 려관>녀관>너관(旅館)   -- Cjə>Cə
> ㄷ. 신용>신농(信用), 구경>구공~구공(賞)   -- Cjo>Co
> ㄹ. 류월>뉴월>누월(六月),[23] 휘발유>히바루(揮發油) -- Cju>Cu

---

22 金英培(1981:17)에서는 황해도 방언에서 'Cjv'와 같은 음절을 가지는 어휘는 표준어의 확산에 따른 개신파의 침투 현상이고 단모음을 가진 어형은 구형으로서 앞으로 소멸되어 갈 가능성이 높다고 한다. 한편, 鄭承喆(2008:102)에서는 형태소 내부의 'ㅕ>ㅔ' 현상이 어두 음절에서 시작되었을 가능성을 제기한 바가 있다.

23 한편, '류월>뉴월>유월'처럼 'ㄹ'이 'ㄴ'으로 변화한 후에 'ㄴ'이 다시 탈락하여 '유월(六

　　ㅁ. 장례>장녜>장네(葬禮), 계란>게란(鷄卵)　　　　　-- Cje>Ce

　　(26)은 각각 이중모음 'ㅑ', 'ㅕ', 'ㅛ', 'ㅠ', 'ㅖ' 앞에 선행하는 자음이
있을 때 이중모음의 활음 'j'가 탈락하여 각각 자음과 단모음 'ㅏ', 'ㅓ',
'ㅗ', 'ㅜ', 'ㅔ'의 구조로 실현된 예들이다. 이외에 '요강>오강(楲)'에서와
같이 이중모음 앞에 선행하는 자음이 없을 때 'j'가 탈락한 경우도 있고,
'휴양>슈양>수양(休養)'처럼 'ㅎ'구개음화를 거친 후에 'j'가 탈락한 경우
도 존재한다.
　　다음으로 'w'계 상향 이중모음을 관찰한다.

　　(27) ㄱ. 왕(王), 캐왕(開荒,)　　　　　　-- ㅘ[wa]
　　　　ㄴ. 월료(原料), 양노원(養老院)　　　-- ㅝ[wə]
　　　　ㄷ. 왜(奚), 왜국(外國)　　　　　　　-- ㅙ[wɛ]
　　　　ㄹ. 사웨(女壻)　　　　　　　　　　　-- ㅞ[we]
　　　　ㅁ. 위(胃), 위약(胃藥)　　　　　　　-- ㅟ[wi]

　　(27)에서 보듯이 /ㅘ, ㅝ, ㅙ, ㅞ, ㅟ/ 등 총 5개의 'w'계 상향 이중모
음이 확인된다. 다만, (27ㄷ)의 부사 '왜(奚)'는 '와'로 실현되기도 한다.
한편, '왜국'의 '왜' 및 (27ㄹ)의 '사웨(<사회)'의 '웨'는 모두 단모음 'ㅚ
[ö]'의 불안정성 때문에 실현된 것이다.
　　마찬가지로 단모음의 개수에 따르면 'w'와 단모음 'ㅗ, ㅜ, ㅚ, ㅡ'가
결합하는 이중모음 'wo, wu, wö, wɨ'의 존재도 가능하겠는데 안악 지역
어에서는 이러한 이중모음들이 확인되지 않는다. 鄭然粲(1991:386-388), 金
鳳國(2002:22-24) 등에 따르면 'w'와 'ㅗ, ㅜ, ㅚ'는 모두 [+원순성] 자질을

月)'로 실현되기도 한다.

가지고 있으므로 이들의 결합은 구조적으로 실현될 수 없다. 또한, 'w'
와 후설 고모음 'ㅡ'의 결합도 거의 필연적 공백이다.

다음으로 'w'계 상향 이중모음들이 자음과 통합할 때 어떻게 실현되
는지를 관찰한다.

(28) ㄱ. 광질(筐), 효꽈(效果), 환하다(皖)   -- Cwa
ㄴ. 뗀판귀(전기밥솥),[24] 꿘투(拳鬪), 훨훨   -- Cwə
ㄷ. 좨(罪), 꽤나(頗), 홴대(橴)   -- Cwɛ
ㄹ. 쉐(鐵), 닐궤(七日)   -- Cwe
ㅁ. 귀(耳), 뒤(後), 단위[다눼](직장),[25] 빨쮜(蝙)   -- Cwi

(28)은 각각 자음 뒤에 'w'계 상향 이중모음 'ㅘ', 'ㅝ', 'ㅙ', 'ㅞ', 'ㅟ'
가 통합된 예들이다. 여기서 보듯이 '자음-w-모음'의 연쇄가 많지 않다.
우선, 양순음과 'w'의 결합은 [+원순성] 자질 때문에 실현될 수 없다. 또
한, 통시적으로 이중모음 'ㅟ[ɯi]'을 가진 것으로 추정되는 단어들이 안악
지역어에서 다양하게 실현되는데 이는 다음과 같은 예들에서 확인할 수
있다.

(29) ㄱ. 위험>우염(危險), 귀신>구신(鬼神), 취미>추미(趣味)
ㄴ. 방귀>방구(屁), 잎사귀>잎사구(葉), 당나귀>당나구(驢)
ㄷ. 휘발유>히바루(揮發油), 휘날리다>히날리다(縹)

---

24   이 지역어의 제보자가 사용된 '뗀판귀'라는 단어는 중국어 단어 '電飯鍋[diàn fàn guō]'
의 발음을 그대로 차용한 것이다.
ㄱ. 씨이지, 빨래하는 기게 다 몯 쓰게 하구, 이거 차셔레 뗀판귀 다 몯 쓰게 해.
(세탁기, 빨래하는 기계 다 못 쓰게 하고, 이거 콘센트에 전기밥솥 다 못 쓰게 해.)
위 예문에서 '씨이지'도 중국어 단어 '洗衣機[xǐ yī jī]'의 발음을 그대로 차용한 것이다.
25   '단위[다눼]'의 한자는 '單位'이지만 여기서 '회사' 또는 '직장'의 뜻으로 쓰인다.

ㄹ. 착취>착치(搾取), 기저귀>기저기(尿布)

(29ㄱ-ㄴ)은 각각 어두, 비어두 위치에서의 이중모음 'ㅟ'가 단모음 'ㅜ'로 실현된 예들이고 (29ㄷ-ㄹ)은 각각 어두, 비어두 위치의 'ㅟ'가 'ㅣ'로 변화된 예들이다. 이외에 역사적으로 'ㅚ'를 가졌던 '바회(巖)', '바회>박회(輪)', '사마괴(痣)' 등이 안악 지역어에서 모두 'ㅜ'형을 가진 '바우', '바꾸', '사마구'로 실현된다. 또한, '옹(上)'가 '우~위'로, '사회(女壻)'가 '사우~사웨'로 나타난 것처럼 'ㅜ'형 및 이중모음을 가진 어형이 공존하는 경우도 있다. 이처럼 중앙어에서 단모음 'ü', 여러 방언에서 이중모음 'wi'로 존재하는 'ㅟ'가 황해도 방언에서는 'ㅜ'나 'ㅣ'로 나타난 현상은 金英培(1981:10), 황대화(2007:79-80)에서도 찾아볼 수 있다. 황대화(2007:80)에서는 황해도 방언에서 실현 위치와 크게 관계없이 'ㅟ'는 거의 'ㅣ'로 나타난다고 한다. 한편, 金英培(1981:10-11)에서는 황주, 안악, 은율 등 지역에서 나타나는 형태소 내부에서의 'ㅟ>ㅜ' 현상은 황해도 방언 본래의 모습이 아니고 평안도 방언의 양향을 받은 것으로 보았다.

이상으로 안악 지역어에서 'j'계 상향 이중모음 '/ㅑ[ja], ㅕ[jə], ㅛ[jo], ㅠ[ju], ㅐ[jɛ], ㅖ[je]/'와 'w'계 상향 이중모음 '/ㅘ[wa], ㅝ[wə], ㅙ[wɛ], ㅞ[wə], ㅟ[wi]/' 등 총 11개의 이중모음이 존재한다는 것을 확인하였다. 다음은 중부 방언에서 인정하는 하향 이중모음 'ㅢ[ij]' 및 역사적으로 존재했던 'ㅐ[aj]', 'ㅔ[əj]', 'ㅚ[oj]' 등이 안악 지역어에서 어떻게 실현되는지 살펴본다.[26]

---

26 이진호(2015:82)에서 'ㅢ'의 특수성을 언급한 내용에 따르면 'ㅢ'에 대하여 'ㅡ'와 'j'가 결합되는 하향 이중모음 'ij'로 보는 것, 'j'와 'ㅣ'가 결합되는 상향 이중모음 'ji'로 보는 것, 단모음 'ㅡ'와 단모음 'ㅣ'의 결합으로 보는 것 등 세 가지 분석 방법이 있다.

우선, 小倉進平(1944ㄴ/2009:358), 황대화(2007:97-99) 등에 따르면 황해도 방언에서 '늬'는 일반적으로 단모음 'ㅣ'로 실현되고 일부 경우에 'ㅡ', 'ㅔ', 'ㅜ'로 실현되기도 한다. 즉 '늬'는 하향 이중모음으로 실현되지 않는다. 이와 달리, 고동호·장승익(2018:358, 292)에서는 '늬'가 은율, 송화 지역어에서 하향 이중모음으로 실현된 경우가 있다고 한다.[27] 중앙어에서의 모음 '늬'는 안악 지역어에서 이중모음으로 실현된 경우가 없고 주로 'ㅣ'로 나타나며 이에 해당하는 예는 다음과 같다.

> (30) ㄱ. 이미(意味), 이복(衣服), 이사(醫師), 이자(椅子)
>   ㄴ. 명이(名義), 주이(注意), 회이(會議), 결이(結義)
>   ㄷ. 무네(紋), 꽃무네(花紋)

(30)은 형태소 내부의 '늬'가 안악 지역어에서의 실현 양상을 보여준 예들이다. (30ㄱ)은 '늬'가 어두 위치에서 'ㅣ'로, (30ㄴ)은 비어두 위치에서 'ㅣ'로 실현된 것이고 (30ㄷ)은 '늬'가 비어두 위치에서 'ㅔ'로 실현된 것이다. 여기서 보듯이 어두 위치든 비어두 위치든, 한자어든 고유어든 관계없이 중부 방언의 '늬'는 대부분 'ㅣ'로 실현된다. 이외에, 속격조사 '-의'의 실현 양상은 다음 예들에서 확인할 수 있다.

> (31) ㄱ. 딸에(딸의), 옴마에(엄마의), 신랑에(신랑의), 삼분에 일(三分의 一)
>   ㄴ. 남이~남에~놈이~놈에(他人의, 남의), 집이~집에(집의)

---

27 고동호·장승익(2018)에 제시된 '늬'가 하향 이중모음으로 실현된 예들은 다음과 같다.
   ㄱ. 그래서 또 이케 많이 걸어 다니고 했는데 이지는 **여긔**까장 오니까.
      (그래서 또 이렇게 많이 걸어 다니고 했는데 이제는 여기까지 (버스가) 오니까.)
      <은율 p353>
   ㄴ. **의장**대라구 의장대 이기 처음 창슬하든 모양이야.
      (의장대라고 의장대 이것을 처음 창설하던 모양이야.)<송화 p292>

(31ㄱ)은 속격조사 '-의'가 '-에'로 나타난 예들이고 (31ㄴ)은 '-의'가 수의적으로 '-이'나 '-에'로 실현된 예들이다. (30)-(31)의 예들을 통하여 중앙어에서 인정되는 하향 이중모음 'ㅢ[ɨj]'가 안악 지역어에서 실현되지 않은 것을 확인할 수 있다.

한편, 金英培(1981:7-8), 곽충구(2001:410-411) 등에 따르면 역사적으로 하향 이중모음이었던 'ㅢ, ㆎ'가 황해도 방언에서 단모음 'ㅣ', 'ㅔ', 'ㅜ' 등으로 다양하게 실현됨을 알 수 있다.[28] 통시적으로 'ㅢ', 'ㆎ'를 가졌던 이러한 단어들은 안악 지역어에서 다음과 같이 나타난다.

(32) ㄱ. 거믜>거무(蛛), 쟝긔>장구(將棋), 샹긔>상구(아직), 돗긔>도끄(斧)
ㄴ. 글픠>글피(明後日), ᄒᆞᆫᄢᅴ>한끼(俱), 거싀>거진(부사, 거의)

(33) ㄱ. 호ᄆᆡ>호무(鋤), 모ᄀᆡ>모구(蚊), 조ᄀᆡ>조구(鰻), 오ᄃᆡ>오두(葚)
ㄴ. 죠ᄒᆡ>종애(紙), 동ᄒᆡ>동애(盆), 잔ᄎᆡ>잔채(宴)

(32)는 이전 시기에 'ㅢ'를 가졌던 단어들이 안악 지역어에서 'ㅜ'형, 'ㅣ'형으로 실현된 예들이고, (33)은 'ㆎ'를 가졌던 단어들이 'ㅜ'형, 'ㅐ'형으로 실현된 예들이다. 田光鉉(1976:28-29)에 의하면 하향 이중모음 'ㅢ', 'ㆎ'를 가졌던 '거믜(蛛), 쟝긔(將棋)', '호ᄆᆡ(鋤), 모ᄀᆡ(蚊)' 등은 일부 방언에서 'ㅢ>ㅟ>ㅜ', 'ㆎ>ㅢ>ㅟ>ㅜ'의 변천을 거쳐 '거무, 장구', '나부, 모구'로 나타난다. 또한, 田光鉉(1976:30-31)에서는 이처럼 역사적으로 비어두 위치에 있는 하향 이중모음 'ㅢ, ㆎ'에 선행하는 자음이 변자음일 때 'ㅢ,

28 金英培(1981:7-8)에서는 황해도 방언에서 출현된 '장구, 모구' 등 'ㅜ'형 방언형의 실현을 'ㄱ' 뒤의 'ㅣ>ㅜ' 현상(장기>장구, 모기>모구)으로 보고 이는 평안도 방언의 영향을 받은 것이라고 한다. 이외에 '장게, 모게' 등 'ㅔ'형로 실현된 경우도 있는데 이를 'ㅣ>ㅔ' 모음 하강 현상(장기>장게, 모기>모게)으로 보고 있다.

ㅓ'는 주로 'ㅜ'로 변화된다고 한다. (32)-(33)에서 확인되듯이 하향 이
중모음이었던 'ㅢ, ㅓ'가 안악 지역어에서는 대부분의 경우 'ㅜ'로 실현
되며 일부 경우에 'ㅣ'나 'ㅐ'로 나타나기도 하지만 하향 이중모음으로
유지된 경우는 없다.

고동호·장승익(2018:137)에 따르면 역사적으로 하향 이중모음이었던
'ㅟ'가 황해도 방언에서 여전히 하향 이중모음으로 나타나는 경우가 있
는데, 앞에서 살펴보았듯이 안악 지역어에서 'ㅟ'는 늘 상향 이중모음
'wi'로 실현된다.[29]

중앙어에서 역사적 변천을 겪어 'ㅐ(<aj), ㅔ(<əj), ㅚ(<oj)'로 단모음화된
이들 모음에 대하여, 金英培(1981:20-21)에서는 황해도의 많은 지역에서
단모음과 더불어 이중모음으로 실현된다고 하며 '새[saj](鳥), 게[kəj](蟹),
외[oj](瓜)' 등 예들을 제시한 바가 있다. 곽충구(1997:8)에서는 15세기 한국
어에서 상성의 성조를 가졌던 '새(鳥), 게(蟹)' 등 단어들은 황해도와 충남
에서 그리고 평안도의 일부 지역에서 아직도 하향 이중모음 또는 2음절
로 나타난다고 한다. 하향 이중모음에 관련하여 고동호·장승익(2018:
41), 장승익(2018:51)에서는 송화, 은율 지역어 자료에서 '뫼(墓)', '제이~거
이(蟹)' 등 두 개의 예가 출현하였다고 한다. 황대화(2007:88-89)에서는
'새>사이', '게>거이', '외>오이' 등 예들을 'ㅐ', 'ㅔ', 'ㅚ'의 2음절화(二音
節化) 현상으로 보았고 장승익(2019:100)에서는 이와 같은 예들은 황해도
방언에 하향 이중모음의 흔적이 남아 있는 것으로 볼 수 있다고 지적한

---

29 고동호·장승익(2018:137)에 제시된 'ㅟ'가 하향 이중모음으로 실현되는 경우는 다음과
    같다.
    ㄱ. 왜증 때 우리 오빠가 둘인디 **위**루 큰오빠 지운 영장 나완 그…
       (왜정 때 우리 오빠가 (내) 위로 둘인데 큰오빠에게 지원 영장 나온 것을…)

바가 있다.[30] 안악 지역어에서는 'ㅐ, ㅔ' 등이 이전 시기에 하향 이중모음이었음을 보여주는 예들을 찾아볼 수 있다.

(34) ㄱ. 개:~가이(犬), 새:~사이(鳥)
　　 ㄴ. 게:~거이(蟹), 셋:~서히~서이(三), 넷:~너히~너이(四)
　　 ㄷ. 오이(瓜)

(34)는 역사적으로 하향 이중모음 'aj, əj, oj'를 가졌던 단어들이 안악 지역어에서의 실현 모습을 보여준 예들이다. 기존 연구의 따르면 (34ㄱ, ㄴ)의 '개:~가이', '게:~거이' 등은 'a:~aj', 'ə:~əj'의 공존 혹은 'a:~ai', 'ə:~əi'의 공존으로 볼 수 있다. 그러나 (34ㄷ)의 '오이'는 중앙어 및 대부분 방언에서 이미 2음절 단어로 된 것처럼 안악 지역어에서도 2음절로 단어로 나타난다. (34)의 예들을 통하여 현재 안악 지역어에 하향 이중모음 'aj, əj, oj'가 존재한다고 단정 짓기 어렵지만 적어도 'aj, əj'의 잔재 흔적이 있다고 말할 수 있겠다. 이 책에서는 안악 지역어에 하향 이중모음 'aj', 'əj', 'oj'의 역사적인 흔적이 남아 있는 것으로 보고 이중모음 목록에는 하향 이중모음을 설정하지 않기로 한다.

2.4. 운소

한국어 방언에서 운소로는 음장 및 성조가 있으며 서해안 지역은 음

30　이외에, 宋讚和(1992:18-19)에서는 백령도 지역어에 단모음 'ㅐ, ㅔ, ㅚ' 및 하향 이중모음 'aj, əj, oj'가 공존한다고 조사되었다. 한편, 郭忠求(1997:412)에서는 방언에서 음운 변화의 결과로 하향 이중모음이 새로이 형성된 경우가 있고 예로 모음 사이의 'ㅇ[ŋ]' 약화 탈락을 겪은 '[urey](우렁이)', '[talpʰɛy](달팽이)' 등을 제시하였다.

장을 가진 지역이고 동해안 지역은 성조를 가진 지역이라는 것은 이미 널리 알려진 사실이다.[31] 郭忠求(1992:324)에서는 황해도의 북부 지역은 음장과 성조가 비변별적인 지역이라고 한다. 한반도 각 지역을 대상으로 한국어 방언의 초분절음소를 조사한 李基文 외(1991:37-38)에 따르면 안악은 황해도에서는 드물게 음장이 실현되는 지역 중의 하나이다. 해당 보고에서는 27개 어간(체언 및 용언 어간 포함)에 대한 조사 결과, 늘 장음을 가진 어간으로는 '되:-(硬)', '곱:-(麗)', '이:-(戴)', '재:-(測)' 등 4개가 있고 절반 정도의 길이를 가진 어간으로는 '개미(蟻)', '비-(空)', '놀라-(驚)', '모자라-(乏)' 등 4개가 있으며 자음으로 시작되는 어미 앞에서 음장이 실현된 어간으로는 '갈-(耕)', '얼-(凍)', '벌-(贏)' 등 3개가 있다고 하였다. 해당 논의에서는 단어에 따라 음장이 실현되지만 변별적 기능을 가지지 않은 것으로 보았다.

이 책의 제보자들은 70-80대 노년층이므로 장음을 가진 체언 어간, 장음이 드러나는 곡용형 및 활용형, 그리고 장단에 의한 최소대립쌍 예들이 발견되는데 이를 제시하면 다음과 같다.

(35) ㄱ. 눈:(雪), 열:(十), 말:(言), 감:(柿), 감:나무(柿)
ㄴ. 몰:(村), 낼:(明日), 쥔:(主人), 첨:(初), 맘:대루(心), 맘대로)

(36) ㄱ. 마:른(言, 말은), 내:른(明日, 내일은), 처:메(初, 처음에)
ㄴ. 길:다(長), 조:타(好), 알:디(知, 알지), 뽄:는다(粹, 빻는다)

한영순(1967:133-135)에서는 조선말에 높이, 길이, 세기가 있고 황해도가 포함된 서해안 말씨에서는 첫음절에 아주 뚜렷한 세기를 가지고 있으며 평안도, 황해도, 육진, 함경도 사투리에서 노년층 화자들은 비교적 역사적인 긴소리를 충실히 보존하고 있다고 하였다.

(37) 눈(目), 눈:(雪)
　　말(馬), 말:(言)
　　열(熱), 열:(十)

(35ㄱ)은 어두 위치에 장음을 가진 체언 어간들이고 (35ㄴ)은 음절 축약에 의하여 장음이 생긴 체언 어간들이다. 이외에 '참:(부사), 너:머(너무)' 등 부사에서 장음이 실현된 경우도 있다. 소수의 예들이지만 (36ㄱ, ㄴ)은 각각 일부의 곡용, 활용에서 어간의 첫음절 뒤에 장음이 실현된 것이다. 그러나 용언 어간의 경우 뒤에 모음으로 시작되는 어미가 결합될 때는 장음이 거의 실현되지 않는다. 이는 李秉根(1986:28), 金星奎(1988: 35) 등에서 밝힌 바와 같이, 장음을 가진 용언 어간이 모음으로 시작되는 어미 앞에서 단모음화(短母音化)하는 현상이 적용된 것으로 여겨진다. (37) 은 장단에 의한 최소 대립쌍들인데 이를 통하여 안악 지역어에서 단어의 의미를 변별하는 음장의 존재가 확인된다. 그러나 제보자들의 음장 인식이 선명하지 않은 사례들이 발견되므로 음장에 관한 문제들은 추후의 과제로 미루고 여기서는 확인 가능한 몇몇 예들만 소개하는 데 그친다.[32]

32　이 책에서는 활음화에 따른 보상적 장음만을 표기하기로 하고 단모음화(短母音化) 등 음장과 관련된 음운 과정은 후속 연구에서 보충할 것이다.

제3장

기저형

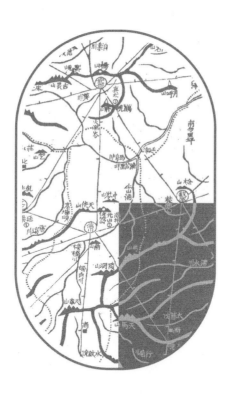

기저형

공시적인 음운 현상은 체언 어간과 조사, 용언 어간과 어미가 결합할 때 일어나므로 이를 살피기 전에 안악 지역어에서 사용되는 어간, 조사, 어미의 기저형을 확정하는 일이 우선한다. 이에 따라 3장에서는 최명옥(2008:41-59), 이진호(2015:241-243) 등에서 제안된 기저형의 설정 방법을 적용시켜 안악 지역어의 체언 어간, 용언 어간, 조사, 어미의 기저형을 설정하기로 한다.[1] 이 과정에서 한 형태소의 기저형이 하나인 경우 단수 기저형(單數 基底形), 한 형태소의 기저형이 출현 환경에 따라 둘 이상인 경우 복수 기저형(複數 基底形)으로 구분한다(이진호 2015:248-249).[2] 먼저 어간의 기저형을 관찰한 후에 조사 및 어미의 기저형을 살펴본다.

---

1   어간과 어미의 기저형 설정 기준은 최명옥(2006:36-37)에서 이미 제시하였으나 이 책은 최명옥(2008)에서 확대 보완한 설정 기준을 참조하였다.
2   단수 기저형, 복수 기저형 등 용어에 대해 더 구체적인 설명은 이진호(2017:94-96, 209-212)를 참조할 수 있다.

3.1. 어간의 기저형

어간의 기저형에서는 체언 어간 및 용언 어간을 나눠서 논의한다.

3.1.1. 체언 어간의 기저형

체언 어간은 단수 기저형을 가진 형태와 복수 기저형을 가진 형태로 구분하여 살펴본다.

3.1.1.1. 단수 기저형

여기에는 자음으로 끝나는 체언 어간 및 모음으로 끝나는 체언 어간이 포함된다.

① 자음으로 끝나는 체언 어간

이 부류의 어간을 단자음(單子音)으로 끝나는 것과 자음군으로 끝나는 것으로 나눠서 관찰한다.

Ⓐ 단자음으로 끝나는 체언 어간

자음의 조음 위치에 따라 먼저 양순음으로 끝나는 체언 어간이 출현하는 예들을 제시하면 다음과 같다.

(1) ㄱ. /Xㅂ/류: 지비, 집뚜, 집만　　　　(家)
　　ㄴ. /Xㅍ/류: 아피, 압뚜, 암만　　　　(前)
　　ㄷ. /Xㅁ/류: 이르미, 이름두, 이름만　(名)

(1)에 제시된 곡용형은 양순음으로 끝나는 체언 어간 뒤에 조사 '-이, -두, -만'이 통합된 것이다. (1ㄱ)에서는 어간의 교체형이 '집, 짐' 두 가지로 나타난다. 어간의 교체형이 여러 개로 나타날 경우 그 중 어느 하나를 가지고 다른 교체형을 설명할 수 있다면 그것이 바로 기저형이 된다는 기저형 설정 방법에 따라 '집, 짐'의 기저형을 설정해 본다. '집'을 기저형으로 설정하면 '짐만'의 실현은 '집-만'의 통합에 비음화 규칙이 적용된 것으로 설명할 수 있다. 그러므로 '家'의 뜻을 가진 이 어간의 기저형은 /집/이다. (1ㄴ)에서는 '前'의 의미를 가진 어간의 교체형으로 '앞, 압, 암' 세 가지가 도출된다. '앞'을 가지고 나머지 두 개의 출현을 평파열음화, 비음화 등 공시적 음운 규칙으로 설명할 수 있으므로 이 어간의 기저형은 /앞/이다. (1ㄷ)의 경우 '名'의 뜻을 가진 어간의 표면형은 언제나 '이름'만이 있으므로 기저형은 /이름/이다.

이상과 같은 방법으로 안악 지역어에서 양순음으로 끝나는 체언 어간들이 확인되었는데 그 일부를 제시하면 다음과 같다.

(2) 양순음으로 끝나는 체언 어간
/Xㅂ/류: 겁(倍), 밥(飯), 집(家), 손톱(爪), 입(口), 이팝(이밥), 연습(練習)[3] 등.

---

[3] 형태소 내부에서 수의적으로 적용되는 'ㅅ, ㅆ, ㅈ, ㅉ, ㅊ' 뒤에의 'ㅡ→ㅣ' 전설모음화 현상 때문에 '연습~연십'이 수의적으로 나타난다. 황해도 방언의 형태소 내부에서 전설모음화 현상의 수의적인 적용은 한영순(1967:241), 김영배(1981:29-30), 장승익(2018:37-39) 등에서도 확인할 수 있다. 이처럼 역사적으로 이루어지며 練習의 의미를 가진 '연습~연십'의 출현 환경에 제한이 없으므로 이들을 雙形語(雙形語)로 본다. 이 책에서는 출현 환경의 제약을 받지 않고 수의적으로 사용되며 같은 뜻을 가진 雙形語(雙形語)들이 확인된다. 이진호(2017:211)에 따르면 雙形語를 이루는 두 단어는 별개의 형태소이고 복수 기저형은 하나의 형태소에 속하고 또한 雙形語의 출현 환경에 제한이 없고 복수 기저형은 서로 상보적인 환경에서 출현한다는 차이점이 있다. 한편, 김소영(2019:37-47)에서는 雙形語를

/Xㅍ/류: 늪(藪), 앞(前), 옆(傍) 등.

/Xㅁ/류: 맘(心), 양님(양념), 이름(名), 석담(俗談), 빼람(서랍), 놈
(他人),[4] 힘(力),[5] 가슴(胸),[6] 기침(咳),[7] 아침(朝),[8] 영감(令
監) 등.[9]

다음은 치조음으로 끝나는 체언 어간이 나타나는 예들을 살펴본다.

(3) ㄱ. /Xㄴ/류: 도니, 돈두, 돈만   (錢)
ㄴ. /Xㄹ/류: 나리, 날두, 날만   (日)
ㄷ. /Xㅅ/류: 비시, 빋뚜, 빈만   (貴)
ㄹ. /Xㅈ/류: 저지나, 젇뚜, 전만   (乳)
ㅁ. /Xㅊ/류: 꼬치, 꼳뽀다, 꼰만   (花)
ㅂ. /Xㅌ/류: 끄티, 끋뚜, 끈만   (末)

어원론적 쌍형어 및 어휘부 쌍형어로 분류하고 전자에 대한 기술 방식은 공시태의 통시론
적 해석이고 후자에 대하여 공시태의 공시론적 기술을 한다고 한다. 이 책은 안악 지역어에
서 확인된 쌍형어에 대하여 주로 공시태의 공시론적 기술을 하되 가능하면 변천 과정을
언급한다. 쌍형어들이 출현할 때 각주에서 제시하고 이에 대한 부가 설명을 한다.

4   이전 시기의 '눔(他人)'은 첫음절의 'ㆍ>ㅏ' 및 'ㆍ>ㅗ' 변화의 공존으로 현재 쌍형어
'남~놈'으로 나타난다.

5   'ㅎ'구개음화의 수의적인 적용으로 '力'의 뜻을 가진 이 체언 어간은 쌍형어 '힘~심'으로
실현된다.

6   'ㅅ' 뒤의 'ㅡ>ㅣ' 전설모음화 현상의 수의적인 적용으로 '胸'의 뜻을 가진 이 체언 어간은
쌍형어 '가슴~가심'으로 나타난다.

7   'ㅊ' 뒤의 'ㅡ>ㅣ' 현상의 수의적인 적용으로 '咳'의 의미를 가진 이 체언 어간은 쌍형어
'기침~기츰'으로 실현된다.

8   역사적인 이유가 확실치 않지만 '朝'의 뜻을 가진 이 체언 어간은 '아침~아칙'으로 조사되
었다.

9   이전 기시의 '령감'이 두음법칙의 적용으로 '영감'으로 나타나지만 모음 'ㅕ, ㅗ'의 합류
때문에 '용감'으로 실현되기도 한다. 또한 두음법칙의 부분 적용 및 'ㅕ, ㅗ'의 합류로
'농감'으로 나타나기도 한다. 즉 안악 지역어에서 '나이가 많아 중년이 지난 남자를 대접하
여 이르는 말'과 '나이든 부부 사이에서 아내가 그 남편을 이르거나 부르는 말'로 두루
쓰이는 이 체언 어간은 쌍형어 '영감~용감~농감'으로 실현된다.

(3)의 곡용형은 치조음으로 끝나는 체언 어간 뒤에 조사 '-이, -이나, -에, -두, -보다, -만' 등이 통합된 것이다.[10] (3ㄱ-ㄴ)에서는 '錢', '日'의 뜻을 가진 어간이 각각 하나의 표면형인 '돈', '날'로 나타나므로 기저형은 각각 /돈/, /날/이다. (3ㄷ)에서는 어간의 교체형이 '빗, 빋, 빈' 세 가지로 실현되고 이 중 '빗'을 가지고 나머지 두 개의 실현을 평파열음화, 비음화 등으로 설명할 수 있으므로 '債'의 뜻을 가진 이 어간의 기저형은 /빗/이다. (3ㄹ)에서는 어간의 교체형이 '젖, 젇, 전' 세 가지로 나타나고, 이 지역어의 공시적인 음운 규칙을 감안하여 기저형은 /젖/으로 설정할 수 있다. (3ㅁ)에서는 어간의 교체형이 '꽃, 꼳, 꼰'으로 실현되고 기저형은 /꽃/이다. (3ㅂ)의 곡용형을 통하여 어간의 교체형이 '끝, 끋, 끈'으로 나타나고 기저형은 /끝/으로 설정할 수 있다.[11]

여기서 치조음으로 끝나는 체언 어간의 일부를 다음과 같이 제시한다.

> (4) 치조음으로 끝나는 체언 어간
> /Xㄴ/류: 돈(錢), 눈(雪), 산(山), 신(鞋), 너관(旅館), 보선(襪) 등.
> /Xㄹ/류: 딸(女), 말(語), 말(馬), 발(足), 쌀(米), 팔(臂), 생활(生活)
> 등.
> /Xㅅ/류: 굿(巫), 낫(鎌), 뜻(意), 맛(味), 빗(債), 빗(櫛), 옷(服), 엿(飴)
> 등.
> /Xㅈ/류: 낮(晝), 젖(乳) 등.
> /Xㅊ/류: 꽃(花), 윷(柶) 등.[12]

---

10 안악 지역어에서는 자음 'ㄸ, ㅆ, ㅉ'으로 끝나는 체언 어간이 존재하지 않는다. 'ㄷ'으로 끝나는 체언 어간 '낟(穀)'이 확인되지 않았지만 복합어 '낟알'의 존재를 확인할 수 있다.
   ㄱ. 나다를 몬 머그니깐 안 대.(낟알을 못 먹으니깐 안 돼.)
11 '末'의 뜻을 가진 어간 뒤에 조사 '-이'가 올 때 '끄치'로 실현되기도 하는데 후술하겠지만 이러한 현상은 '끝-이' 통합에 소위 'ㄷ'구개음화가 적용된 결과로 볼 수 있다.
12 /ㅊ/ 말음 어간들은 조사와의 통합 과정에서 /ㅅ/말음 어간으로 재구조화될 수 있다.

/Xㅌ/류: 끝(末), 솥(鼎) 등.[13]

다음은 연구개음으로 끝나는 체언 어간이 출현하는 예들이다.

(5) ㄱ. /Xㄱ/류: 약이, 약뚜, 양만　　　　(藥)
　　ㄴ. /Xㅇ/류: 콩이, 콩은, 콩두　　　　(豆)

(5)는 연구개음으로 끝나는 체언 어간 뒤에 조사 '-이, -은, -두, -만' 등이 통합된 곡용형들이다.[14] (5ㄱ)에서는 '藥'의 뜻을 가진 이 어간의 교체형이 '약, 양'으로 나타나는데 이 지역어의 공시적 음운 현상을 고려하여 기저형은 /약/으로 설정한다. (5ㄴ)에서 보듯이 '豆'의 의미를 가진 이 어간의 표면형은 '콩'만이 있으므로 그의 기저형은 /콩/이다.
연구개음으로 끝나는 체언 어간의 일부를 제시하면 다음과 같다.

(6) 연구개음으로 끝나는 체언 어간
/Xㄱ/류: 독(毒), 약(藥), 욕(辱), 양식(糧食), 눈약(眼藥), 모욕(沐浴)

─────────────

예를 들면, '꽃' 뒤에 조사 '-이, -에'이 통합될 때 '꼬시, 꼬세'로 실현되는데 이러한 곡용형으로부터 이 어간을 '꼿'으로 재구조화할 수 있다. 이에 따르면 '花'의 의미를 가진 이 어간은 쌍형어 '꽃~꼿'으로 볼 수 있다. 곡용에서 비슷한 현상이 일어나므로 '枾'의 뜻을 가진 어간은 쌍형어 '옻~옷'이 된다.

13　/ㅌ/ 말음 어간들은 조사와의 통합형으로부터 /ㅅ/ 말음 어간으로 재구조화할 수 있다. 이 책에서는 '末', '鼎'의 의미를 가진 이들 단어는 각각 쌍형어 '끝~끗', '솥~솟'로 존재한다.
14　자연 발화에서 'ㄲ'으로 끝나는 체언 어간이 추출되지 않았지만 조사 '-밖에'가 이 지역어에서 '-밖에~-밖이'로 나타난다.
　　ㄱ. 병바께 나만 거이 웁따.(병밖에 남은 거 없다.)
　　ㄴ. 둘바끼 모루갓네.(둘밖에 모르겠네.)
또한, 중앙어의 체언 '부엌(廚)'이 안악 지역어에서 '벽, 벡, 벼캐, 베캐'로 조사되었다. 小倉進平(1944ㄱ:126-127), 김병제(1980:271) 등에 따르면 '부엌'은 황해도 방언에서 '부옄', '베역', '비역', '벽', '벅', '백' 등으로 나타난다.

등.

/Xㅇ/류: 강(江), 망(碾, 맷돌), 방(房), 콩(豆), 단콩(강낭콩), 열사증
(烈士證) 등.

⑧ 자음군으로 끝나는 체언 어간

김수영(2014:11)에서는 황해도 방언 이외의 한반도 도별(道別) 방언에서
체언 어간말에 올 수 있는 자음군으로 'ㄱㅆ, ㅂㅆ, ㄹㄱ, ㄹㅁ, ㄹㅐ, ㄹㅅ, ㄹㅋ'
등 최대 7개가 보고되었다. 이 책의 조사에 따르면 안악 지역어에서 어
간말에 올 수 있는 자음군은 'ㄱㅆ, ㅂㅆ, ㄹㄱ, ㄹㅁ, ㄹㅐ' 등 5개만이 있으며
이들 자음군으로 끝나는 체언 어간이 출현하는 예들은 다음과 같다.

(7) ㄱ. /Xㄱㅆ/류: 넉씨, 넉뚜, 넝만　　　　(魂)

ㄴ. /Xㅂㅆ/류: 갑씨, 갑뚜, 감만　　　　(價)

ㄷ. /Xㄹㄱ/류: 달근, 닥뚜, 당만　　　　(鷄)

ㄹ. /Xㄹㅁ/류: 살미, 살메, 삼만　　　　(生)

ㅁ. /Xㄹㅐ/류: 야들비, 야들베, 야들# 명　(八)

(7)의 곡용형은 자음군으로 끝나는 체언 어간 뒤에 조사 '-이, -은, -에,
-두, -만' 등이 통합된 것이다. (7ㄱ)에서는 '魂'의 뜻을 가진 어간의 교
체형으로 '넉씨, 넉, 넝' 세 가지가 나타난다.[15] 어간의 기저형을 /넉씨/
으로 설정하면 '넉' 및 '넝'은 각각 자음군단순화, 경음화 및 자음군단순
화, 비음화 현상으로 설명할 수 있다. (7ㄴ)에서는 '價'의 의미를 가진 어
간의 교체형으로 '갑씨, 갑, 감'으로 실현되는데 어간의 기저형을 /갑씨/

15　宋喆儀(1982:191)에서는 자음의 연결제약으로 '장애음-자음' 구조를 가진 자음군 'ㄳ, ㅄ'
은 형태소 내부에서의 경음화가 필수적으로 일어나기 때문에 실제 [ks'], [ps']로 발음되므
로 이들 자음군이 'ㄱㅆ, ㅂㅆ'으로 재구조화된다고 한다.

으로 설정하면, 나머지 교체형의 출현은 자음군단순화, 경음화, 비음화 등 공시적인 음운 현상으로 설명 가능하다. (7ㄷ)에서는 '鷄'의 의미를 가진 어간의 교체형으로 '닭, 닥, 당'이 확인되는데 이 지역어의 공시적 음운 규칙을 감안하여 기저형은 /닭/으로 설정한다. (7ㄹ)에서는 '生'의 뜻을 가진 어간의 교체형이 '삶, 삼'이 나타나고 기저형은 /삶/으로 확인된다. (7ㅁ)에서는 '八'의 의미를 지닌 이 어간의 교체형이 '야듧, 야들'로 나타나고 기저형은 /야듧/으로 설정한다.

안악 지역어에서 확인되는 자음군으로 끝나는 체언 어간은 다음과 같다.

> (8) 자음군으로 끝나는 체언 어간
> /Xㄳ/류: 넉ㅆ(魂).
> /Xㅄ/류: 갑ㅆ(價).
> /Xㄹ/류: 닭(鷄).[16]
> /Xㄻ/류: 삶(生).
> /Xㄼ/류: 야듧(八).

② 모음으로 끝나는 체언 어간

여기서는 단모음으로 끝나는 어간 및 이중모음으로 끝나는 어간을 나눠서 관찰한다.

---

16 명사 '닭'이 뒤에 조사 '-이', '-을'이 결합될 때 '다기', '다글'로 실현되기도 하는데 이에 따르면 어간이 '닥'으로 재구조화된 것으로 보아야 된다. 한편, 명사 '닭의똥'이 안악 지역어에서 '다기똥~달기똥'으로 나타난다. 이상으로 '鷄'의 의미를 가진 어간이 쌍형어 '닭~닥'으로 존재한다고 볼 수 있다.

Ⓐ 단모음으로 끝나는 체언 어간

우선 전설모음으로 끝나는 체언 어간이 출현하는 예들을 관찰한다.

(9) ㄱ. /Xㅣ/류: 이미가, 이미를, 이미두 　　　(意味)
　　ㄴ. /Xㅔ/류: 헤가, 헤를, 헤두 　　　　　(舌)
　　ㄷ /Xㅐ/류: 할매가, 할매는, 할매두 　　(婆)
　　ㄹ. /Xㅚ/류: 뇌가, 뇌를, 뇌보구 　　　(腦)

(9)는 각각 전설모음 'ㅣ', 'ㅔ', 'ㅐ', 'ㅚ'로 끝나는 체언 뒤에 조사 '-가, -를, -두, -는, -보구' 등이 결합된 예들이다. 여기서 보듯이 '意味', '舌', '婆', '腦'의 뜻을 가진 이 어간들은 늘 각각 '이미', '헤', '할매', '뇌'로 실현되므로 그들의 기저형은 각각 /이미/, /헤/, /할매/, /뇌/가 된다.

안악 지역어에서 확인되는 전설모음으로 끝나는 체언 어간은 다음과 같다.

(10) 전설모음으로 끝나는 체언 어간
　　/Xㅣ/류: 비(雨), 이(齒),[17] 이미(意味), 우리(대명사), 짠디(물김치),[18]
　　　　　　 바지(袴),[19] 꼬치(고추),[20] 싸투리(土語),[21] 벌거지(蟲), 쌍두

17　두음법칙의 수의적인 적용으로 '齒'의 의미를 가진 어간이 쌍형어 '이~니'로 나타난다.
18　중앙어에서 말하는 '짠지(무를 통째로 소금에 짜게 절여서 묵혀 두고 먹는 김치)'과 달리 여기서 '짠디'는 물김치에 가까운 밑반찬이다.
19　'ㄷ'구개음화의 수의적인 적용으로 '袴'의 뜻을 가진 체언 어간이 쌍형어 '바지~바디'로 실현된다.
20　'꼬치' 이외에 같은 의미로 '땡가지, 당추' 등도 사용된다.
21　안악 지역어에서는 '싸투리(사투리)'처럼 단어 첫머리의 평음이 경음으로 실현되는 이른바 어두 경음화를 경험한 어간이 많다. 예를 들면 '꽁째(공짜), 덮개(뜨까이), 빨쥐(박쥐), 짜디색(자주색), 딲따(닦다), 쏙다(속다), 쫍다(좁다)' 등이 있다. 金亨奎(1974:399)에 따르면 황해도 방언에서 '싸리짝문(사립문), 꽹이(괭이), 또매기(도마)' 등 소수의 어두 경음화 현상만을 찾아볼 수 있다. 그러나 황대화(2007:123)에서는 어두 경음화 현상은 황해도 방언

이(孼), 선두이(선둥이), 후두이(후둥이), 몽두이(杆), 내이(薺), 난재이(矮), 깡내이(강냉이), 미치과이(미치광이),[22] 아기(兒), 고기(肉), 소고기(牛肉), 손자비(靴),[23] 보재기(袱), 구데기(蛆), 대리미(尉), 잠꾸레기(善眠者),[24] 지패이(杖), 구데이(坑), 지레이(蚓), 게드래이(腋)[25] 등.

/Xㅔ/류: 메(墓), 헤(舌), 동세(同壻), 너네(너희), 넌세(年歲), 형제(兄弟),[26] 너네(대명사, 너희), 노친네(늙은 여자)[27] 등.

/Xㅐ/류: 배(腹), 배(船), 예배(禮拜), 이새(徙), 잔채(宴), 종애(紙), 소캐(棉), 장개(丈家) 등.

/Xㅚ/류: 꾀(謀), 뇌(腦), 되(升) 등.

에서 생산적으로 일어난다고 한다. 한편, 황대화(2007:124-125)에서 제시한 예들을 통하여 어두 경음화 현상 중에 'ㄱ'이 'ㄲ'으로 된 경우가 다른 자음보다 뚜렷한 강세를 가진 것이 확인된다.

22 중앙어에서 '이'로 끝나며 앞 음절의 종성 위치에 비음 'ㅇ[ŋ]'을 가진 체언 어간들이 안악 지역어에서는 '쌍두이'부터 '미치과이'까지의 예들처럼 'ㅇ[ŋ]'이 탈락한 어형으로 실현된다. 위 예들에서 보듯이 안악 지역어에서 'ㅇ[ŋ]'탈락은 대부분 3음절 이상의 단어 내부에서 일어나며 이러한 현상은 황해도 방언의 예들을 제시한 황대화(1986:32-35), 황대화(2007:130) 등에서도 확인할 수 있다. 한편, 정인호(2007:136)에 따르면 황해도 방언에서의 이러한 'ㅇ[ŋ]'탈락은 'Vŋi'가 'Ṽi'로 되는 현상, 소위 비모음화(鼻母音化)가 실현되기 전에 일어나야 한다. 여기서 비모음화가 실현되는지에 대하여는 필자가 조심스러운 입장을 가지며 이에 대해 후속 연구에서 보완할 것이다.

23 '兒', '肉', '牛肉', '靴'의 의미를 가진 이들 어간은 이른바 움라우트의 수의적인 적용으로 각각 쌍형어 '아기~애기', '고기~괴기', '소고기~쇠고기~쇠괴기', '손자비~손재비'로 실현된다. 황해도 방언의 움라우트 관련 예는 金英培(1981:21-23) 등에서도 확인할 수 있다.

24 '袱', '蛆', '尉', '善眠者'의 의미를 가진 이들 어간은 형태소 내부의 움라우트가 필수적으로 적용된 결과이다.

25 '杖', '坑', '蚓', '腋'의 뜻을 지닌 이들 어간은 형태소 내부의 움라우트가 적용된 후에 'ㅇ[ŋ]'이 탈락된 결과이다.

26 'ㄷ'구개음화의 수의적인 적용으로 '兄弟'의 의미를 지닌 어간이 쌍형어 '형제~형데'로 실현된다.

27 '노친네'는 대체로 '늙은 여자'의 뜻으로 사용되는데, '나이 든 부부 사이에서 남편이 그 아내를 이르거나 부르는 말'이나 '나이가 많아 중년이 지난 여자를 이르는 말'로 두루 쓰인다.

이어서 후설모음으로 끝나는 체언 어간이 나타나는 예들을 살펴본다.

(11) ㄱ. /Xㅡ/류: 그는, 그거티 그두　　　(其)
　　 ㄴ. /Xㅓ/류: 저가, 저두, 저만　　　　(彼)
　　 ㄷ. /Xㅏ/류: 한나가, 한나두, 한나만　(一)
　　 ㄹ. /Xㅗ/류: 이모가, 이모는, 이모만　(姨母)
　　 ㅁ. /Xㅜ/류: 나무가, 나무에, 나무두　(木)

(11)은 각각 후설모음 'ㅡ', 'ㅓ', 'ㅏ', 'ㅗ', 'ㅜ'로 끝나는 체언 뒤에 조사 '-는, -거티, -두, -가, -만 -에' 등이 결합된 예들이다. 이러한 곡용형으로부터 '其', '彼', '一', '姨母', '木'의 뜻을 가진 어간들의 표면형이 각각 '그', '저', '한나', '이모', '나무'로 나타나므로 해당 기저형은 각각 /그/, /저/, /한나/, /이모/, /나무/가 된다.

안악 지역어의 후설모음으로 끝나는 체언 어간은 다음과 같다.

(12) 후설모음으로 끝나는 체언 어간
　　/Xㅡ/류: 그(其).[28]
　　/Xㅓ/류: 저(彼), 그거(대명사),[29] 집터(垈) 등.
　　/Xㅏ/류: 차(車), 국가(國家), 한나(一), 제사(祭祀), 조카(姪), 손자(孫
　　　　　　 子), 옴마(母), 가마(釜), 감자(薯)[30] 등.
　　/Xㅗ/류: 소(牛), 초(醋), 코(鼻), 이모(姨母), 청소(淸掃), 테조(體操)
　　　　　　 등.
　　/Xㅜ/류: 우(上),[31] 무(葡), 나무(木),[32] 채수(菜蔬), 투(拳鬪), 모다구

28　모음 'ㅡ'와 'ㅓ'의 합류 때문에 대명사 '그(其)'는 '거'로 실현되기도 한다.
29　모음 'ㅡ'와 'ㅓ'의 합류로 대명사 '그거'는 '거거'로 나타나기도 한다.
30　'釜', '薯'의 의미를 가진 어간이 각각 쌍형어 '가마~가매', '감자~감재'로 나타난다.
31　'上'의 의미를 지닌 어간은 쌍형어 '우~위[wi]'로 실현된다.
32　'낭구가, 낭구에, 낭구를, 낭구두' 등 곡용형들로부터 '木'의 의미를 가진 이 체언 어간은

(釘) 등.

⑧ 이중모음으로 끝나는 체언 어간

우선 'j'계 이중모음으로 끝나는 체언 어간이 사용되는 예들을 관찰한다.

(13) ㄱ. /Xㅑ/류: 야가, 야는, 야보구　　　(애)
　　ㄴ. /Xㅕ/류: 남녀가, 남녀두, 남녀하구　(男女)
　　ㄷ. /Xㅛ/류: 차표는, 차표를, 차표두　(車票)
　　ㄹ. /Xㅠ/류: 소규가, 소규두, 소규만　(石油)
　　ㅁ. /Xㅖ/류: 노예가, 노예를, 노예두　(奴隷)

(13)에 제시된 곡용형은 각각 이중모음 'ㅑ', 'ㅕ', 'ㅛ', 'ㅠ', 'ㅖ'로 끝나는 체언 어간 뒤에 조사 '-가, -는, -보구, -두, -하구, -를, -만' 등이 통합된 것이다.[33] (13)의 예들로부터 '이 아이', '男女', '車票', '石油', '奴隷'의 뜻을 가진 어간들의 기저형은 각각 /애/, /남녀/, /차표/, /소규/, /노예/임이 확인된다.

'j'계 이중모음으로 끝나는 체언 어간을 제시하면 다음과 같다.

(14) 'j'계 이중모음으로 끝나는 체언 어간
　　/Xㅑ/류: 야(애), 갸(개), 쟈(재) 등.
　　/Xㅕ/류: 남녀(男女), 효녀(孝女), 벼(稻), 뼈(骨), 처녀(處女) 등.[34]

'낭구'로 재구조화되어야 한다. 여기서 '나무~낭구'는 공존하는 쌍형어로 볼 수 있다. 小倉進平(1944ㄱ:333)에 따르면 '나무'가 신계 지역에서 '낭그'로 나타나고 그 이외의 황해도 지역에서는 '나무'로 실현되는데 河野六郞(1945/2012:356-358)에 의하면 '나무'가 옹진·장연·몽금포·재령·서흥·황주·신계·금천에서 '낭구'로 나타난다. 또한, 김병제(1980:299)에 의하면 '나무'는 황해도 방언에서 '낭구', '남그', '낭이' 등으로 나타난다.
33　'ㅒ'로 끝나는 체언 어간이 확인되지 않았다.
34　형태소 내부의 'ㅕ>ㅖ' 변화의 수의적인 적용으로 '稻', '骨', '處女'의 뜻을 가진 어간들은

/Xㅛ/류: 학교(學校), 치료(治療), 차표(車票) 등.
/Xㅠ/류: 소규(石油), 여유(餘裕), 자유(自由) 등.
/Xㅖ/류: 노예(奴隸), 누예(蠶, 누에) 등.

다음은 'w'계 이중모음으로 끝나는 체언 어간을 살펴본다.

(15) ㄱ. /Xᅪ/류: 사과랑, 사과를, 사과두   (沙果)
     ㄴ. /Xᅯ/류: 뒤에, 뒤를, 뒤두   (後)
     ㄷ. /Xᅰ/류: 쉐가, 쉐를, 쉐두   (鐵)
     ㄹ. /Xᅫ/류: 좨가, 좨를, 좨두   (罪)

(15)는 각각 'w'계 이중모음 'ᅪ', 'ᅯ', 'ᅰ', 'ᅫ'로 끝나는 체언 뒤에 조사 '-랑, -를, -두, -에, -가' 등이 결합된 곡용형을 보여준 예들이다.[35] 여기서 보듯이 '沙果', '後', '鐵', '罪'의 뜻을 가진 이 어간들은 각각 하나의 표면형 '사과', '뒤', '쉐', '좨'로 실현되므로 그들의 기저형은 각각 /사과/, /뒤/, /쉐/, /좨/가 된다.

여기서 'w'계 이중모음으로 끝나는 체언 어간을 제시하면 다음과 같다.

(16) 'w'계 이중모음으로 끝나는 체언 어간
     /Xᅪ/류: 좌(左), 사과(沙果), 결과(結果) 등.
     /Xᅯ/류: 위(胃), 귀(耳), 뒤(後), 쥐(鼠), 빨쥐(蝙) 등.
     /Xᅰ/류: 궤(櫃), 쉐(鐵), 닐궤(七日), 열쉐(钥) 등.
     /Xᅫ/류: 좨(罪), 꽤(卦) 등.

각각 쌍형어 '벼~베', '뼈~뻬', '처녀~체네'로 나타난다.

35 앞에서 이미 언급하였듯이 제보자들의 자연 발화에서 중국어 단어의 발음을 그대로 수용한 경우 이중모음 'ᅱ'로 끝나는 체언 어간이 있다. 예: 뗸판궈(電飯鍋[diàn fàn guō], 전기 밥솥).

3.1.1.2. 복수 기저형

안악 지역어에서 확인되는 복수 기저형을 가진 체언은 주로 인칭 대명사들인데 해당 예들은 다음과 같다.

(17) ㄱ. /ㄴ{ㅐ-ㅓ}/: 내가, 나는, 나두, 나만
ㄴ. /ㄴ{ㅔ-ㅓ}/: 네가, 너는, 너두, 너만
ㄷ. /ㅈ{ㅔ-ㅓ}/: 제가, 저는, 저두, 저만

(17)은 단수 평칭(平稱)의 인칭 대명사 뒤에 조사가 결합된 예들이다. (17ㄱ)은 1인칭 대명사와 조사의 결합형인데 여기서 보듯이 주격 조사 앞에는 '내'가 결합되고, 그 이외의 조사 앞에는 '나'가 결합된다. '내'와 '나'의 상보적인 출현은 공시적으로 설명할 수 없으므로 이들을 복수 기저형 /ㄴ{ㅐ-ㅏ}/로 설정한다. 마찬가지로 2인칭 대명사의 기저형은 /ㄴ{ㅔ-ㅓ}/이고, 3인칭 재귀 대명사의 기저형은 /ㅈ{ㅔ-ㅓ}/이다.

(18) 복수 기저형을 가진 체언 어간
1인칭 대명사: ㄴ{ㅐ-ㅏ}.[36]
2인칭 대명사: ㄴ{ㅔ-ㅓ}.[37]
3인칭 재귀 대명사: ㅈ{ㅔ-ㅓ}.[38]

---

[36] 복수 기저형을 가진 /ㄴ{ㅐ-ㅏ}/의 경우, '내'는 주격 조사 앞에, '나'는 그 이외의 조사 앞에 결합된다.

[37] 복수 기저형을 가진 /ㄴ{ㅔ-ㅓ}/의 경우, '네'는 주격 조사 앞에, '너'는 그 이외의 조사 앞에 결합된다.

[38] 복수 기저형을 가진 /ㅈ{ㅔ-ㅓ}/의 경우, '제'는 주격 조사 앞에, '저'는 그 이외의 조사 앞에 결합된다.

3.1.2. 용언 어간의 기저형

용언 어간은 단수 기저형을 가진 형태와 복수 기저형을 가진 형태로 분류해서 그 기저형을 관찰한다.

3.1.2.1. 단수 기저형

여기서는 자음으로 끝나는 어간 및 모음으로 끝나는 어간이 포함된다.

① 자음으로 끝나는 용언 어간

이 부류의 어간을 다시 단자음(單子音)으로 끝나는 것과 자음군으로 끝나는 것으로 나눠서 살펴본다.

Ⓐ 단자음으로 끝나는 용언 어간

여기서는 자음의 조음 위치에 따라 관찰하는데 우선 양순음으로 끝나는 용언 어간이 출현하는 예들을 제시하면 다음과 같다.

(19) ㄱ. /Xㅂ-/류: 꼬바, 꼬부문, 꼽꾸, 꼼는다   (揷)
     ㄴ. /Xㅍ-/류: 더퍼서, 더푸문, 덥꾸~덕꾸, 덤는다   (蓋)
     ㄷ. /Xㅁ-/류: 까마두, 까무문, 깜꾸, 깜는다   (沐)

(19)에 제시된 활용형은 어간 뒤에 어미 '-아, -어서, -아두', '-으문', '-구, -는다, -다' 등이 결합된 것이다. (19ㄱ)에서는 '揷'의 의미를 가진 어간의 교체형이 '꼽-, 꼼-' 두 가지로 나타난다. 둘 중에 '꼽'을 기저형으로 설정하면 '꼼'의 실현은 '꼽-는다'의 통합에 비음화 규칙을 적용시킨 결과로 설명할 수 있다. 한편, '꼬부문'은 '꼽-으문'의 결합에 원순모

음화 규칙이 적용된 것으로 볼 수 있다.[39] 그러므로 '挿'의 의미를 지닌 어간의 기저형은 /꼽-/이다. (19ㄴ)에서는 '蓋'의 의미를 가진 어간의 교체형이 '덮-, 덥-, 덕-, 덤-' 네 가지로 나타나는데 검토한 결과, 기저형을 /덮-/으로 설정하면 나머지 교체형이 모두 공시적인 음운 규칙에 의하여 설명된다. 이 중에 '덥꾸~덕꾸'의 실현은 '덮-구'의 통합에 연구개음화가 수의적으로 적용된 결과이다. (19ㄷ)에서 보듯이 '沐'의 의미를 가진 어간은 출현 환경과 관계없이 하나의 표명현 '깜-'으로 실현되므로 그 기저형은 /깜-/으로 설정한다. 한편, '깜꾸'의 실현은 '깜-구'의 결합에 용언 어간말 비음 뒤의 경음화 현상의 적용으로 설명할 수 있다.

안악 지역어에서 확인되는 양순음으로 끝나는 용언 어간은 다음과 같다.

(20) 양순음으로 끝나는 용언 어간
/Xㅂ-/류: 굽-(曲), 꼽-(挿), 뽑-(拔), 업-(負), 잡-(執), 좁-(陜), 입-
(被),[40] 집-(拈),[41] 붙잡-(拏) 등.
/Xㅍ-/류: 갚-(報), 깊-(深), 높-(高), 덮-(蓋), 엎-(覆),[42] 싶-(보조 형
용사)[43] 등.
/Xㅁ-/류: 깜-(沐), 감-(暝),[44] 남-(餘), 넘-(越), 숨-(隱), 심-(植),[45] 참

---

39 활용형 '꼬부문'을 '꼬부-문'의 통합으로 볼 가능성도 있겠다. 그러나 '꼬부-'를 어간의
교체형으로 보지 않은 것은 어간을 복수 기저형으로 설정하는 것보다 어미 '으문'이 '우문'
으로 실현되는 것이 원순모음화라는 규칙으로 더 쉽게 설명될 수 있기 때문이다.
40 두음법칙의 수의적인 적용으로 '被'의 의미를 가진 동사 어간 '입-'이 '닙-'으로 나타나기도
하며 이들은 쌍형어 '입-~닙-'으로 존재한다.
41 어두경음화의 수의적인 적용으로 '拈'의 뜻을 가진 동사 어간 '집-'이 '찝-'으로 실현되기도
하며 이들은 쌍형어 '집-~찝-'으로 존재한다.
42 모음 'ㅓ'와 'ㅗ'의 합류로 '覆'의 의미를 지닌 동사 어간이 쌍형어 '엎-~옾-'으로 나타난다.
43 보조 형용사 '싶-'은 '푸-'로 나타나기도 하며 이들은 쌍형어 '싶-~푸-'로 존재한다.
44 어두 경음화의 수의적인 적용으로 '暝'의 뜻을 가진 용언 어간은 '감-~깜-'으로 실현된다.
45 '싱거, 싱그문, 싱그구, 싱그다' 등 활용형으로부터 '植'의 뜻을 가진 용언 어간이 '싱그-'로
재구조화된다. 즉 이들은 쌍형어 '심-~싱그-'로 존재한다.

-(忍), 품-(懷), 다듬-(琢),[46] 더듬-(摸) 등.

다음으로 치조음으로 끝나는 용언 어간의 예들을 분석한다.

(21) ㄱ. /Xㄷ-/류: 디더, 디드문, 딛꾸~딕꾸, 딘는다   (聞)
    ㄴ. /Xㅌ-/류: 마타서, 마트문, 맏꾸, 만는다   (嗅)
    ㄷ. /Xㄴ-/류: 아나서, 아느문, 안꾸, 안는다   (抱)
    ㄹ. /Xㄹ-/류: 머러서, 멀문, 멀구, 멀다   (遠)
    ㅁ. /Xㅅ-/류: 이서두, 이스문, 읻구, 읻따   (有)
    ㅂ. /Xㅈ-/류: 나자, 나즈문, 낟꾸, 낟따   (低)
    ㅅ. /Xㅊ-/류: 쪼차, 쪼츠라, 쫃띠, 쫀는다   (追)

(21)의 활용형은 어간 뒤에 어미 '-어, -아서, -어서, -어두, -아', '-으문, -문, -으라', '-구, -는다, -다, -디' 등이 결합된 것이다. (21ㄱ)에서는 '聞'의 의미를 가진 어간의 교체형이 '딛-, 딕-, 딘-'으로 나타나고 어간의 기저형을 /딛-/으로 설정하면 나머지 교체형들의 출현은 이 지역어의 공시적 음운 규칙으로 모두 설명할 수 있다. 이로써 중부 방언에서 'ㄷ' 불규칙 활용을 가진 '듣-'은 안악 지역어에서는 치조음 'ㄷ'으로 끝나며 규칙 활용을 하는 동사 어간임이 확인된다.[47] (21ㄴ)에서는 '嗅'의 의미를 지닌 어간의 교체형이 '맡-, 맏-, 만-'으로 나타나고 검토한 결과 기저형은 /맡-/이다. (21ㄷ)에서는 '抱'의 뜻을 가진 어간은 단 하나의

---

46   어두 경음화의 수의적인 적용으로 '琢'의 의미를 가진 용언 어간은 '다듬~따듬'으로 나타난다.
47   '듣-'의 활용에 대하여 李基文 외(1991:39)에 따르면 황해도 남부의 신천, 벽성, 연백, 평산, 신계를 제외한 나머지 지역에서 규칙으로 활용된다. 金英培(1997ㄱ:98-100)에서는 황주, 봉산, 곡산, 수안, 신계에서 '듣-'의 규칙 활용이 확인되고 송화, 은율, 안악에서는 규칙 활용 및 불규칙 활용의 존재가 모두 확인되었으며 이상 8개 지역에서의 이러한 현상은 평안도 방언의 영향을 받은 것으로 보고 있다.

표면형 '안-'으로 나타나므로 그 기저형은 /안-/이다.[48] (21ㄹ)에서 보듯이 '遠'의 의미를 가진 어간도 늘 '멀-'로 실현되므로 기저형은 /멀-/이다. (21ㅁ)에서는 '有'의 의미를 지닌 어간의 교체형이 '잇-, 인-'이 나타나는데 기저형은 /잇-/으로 설정한다.[49] (21ㅂ), (21ㅇ)에서는 각각 '低', '追'의 뜻을 가진 어간의 교체형이 '낮-, 난-', '쫓-, 쫀-, 쫀-'으로 나타나는데, 확인한 결과 그들의 기저형은 각각 /낮-/, /쫓-/이다.

안악 지역어에서 확인되는 치조음으로 끝나는 용언 어간은 다음과 같다.

(22) 치조음으로 끝나는 용언 어간

/Xㄷ-/류: 걷-(揑), 돋-(發芽), 딛-(聞), 묻-(埋), 받-(受), 쏟-(瀉), 얻-(得), 뜯-(撏)[50] 등.

/Xㅌ-/류: 맡-(嗅), 맡-(司), 붙-(着), 흩-(散) 등.

/Xㄴ-/류: 안-(抱), 신-(履) 등.

/Xㄹ-/류: 길-(長), 늘-(增), 들-(擧), 멀-(遠), 살-(活), 알-(知), 줄-(縮), 썰-(剩),[51] 물-(咬), 벌-(贏), 가물-(旱), 잘쌀-(잘살-)[52] 등.

/Xㅅ-/류: 벗-(脫), 웃-(笑), 줏-(拾),[53] 잇-(有), 맛잇-(膽)[54] 등.

/Xㅈ-/류: 낮-(低), 맺-(結), 젖-(濕), 짖-(吠), 찾-(探), 잊-(忘),[55] 찢-

---

48 활용형 '안꾸'의 실현은 '안-구' 결합에 용언 어간말 비음 'ㄴ' 뒤의 경음화 현상의 적용으로 설명된다.

49 중부 방언에서 '있-'으로 실현되는 어간이 안악 지역어에서는 이진 시기의 형태인 '잇-'으로 유지된다.

50 '撏'의 의미를 가진 동사 어간이 쌍형어 '뜯-~띧-'으로 존재한다.

51 '剩'의 뜻을 지닌 동사 어간이 쌍형어 '썰-~쌀-'로 존재한다.

52 여기서 '잘쌀-'은 '부유하게 살다'의 뜻이고 부사 '잘'과 동사 '살-(活)'의 합성으로 이루어진 것인데 '잘살-'이 [잘쌀]로 발음되므로 여기서 기저형을 '잘쌀-'로 설정한다.

53 '拾'의 의미를 가진 동사 어간이 이전 시기의 어형인 '줏-'으로 유지되고 규칙으로 활용된다.

54 '膽'의 의미를 가진 어간이 '맛잇[마신]-'이 '마딛-'으로 실현된 경우도 있다.

55 두음법칙의 수의적인 적용으로 '忘'의 뜻을 가진 동사 어간이 쌍형어 '잊-~닞-'으로 존재한다.

(裂)[56] 등.

/Xㅊ-/류: 쫓-(追), 씿-(洗)[57] 등.

이어서 연구개음으로 끝나는 용언 어간을 살펴본다.

(23) ㄱ. /Xㄱ-/류: 머거두, 머그문, 먹꾸, 멍는다   (食)

ㄴ. /Xㄲ-/류: 따까두, 따끄문, 딱꾸, 땅는다   (修)

(23)에 제시된 활용형은 어간 뒤에 어미 '-어두, -아두', '-으문', '-구, -는다' 등이 결합된 것이다.[58] 여기서 보듯이 '食', '修'의 뜻을 가진 어간의 교체형이 각각 '먹-, 멍-', '딲-, 딱-, 땅-'으로 나타나는데 검토한 결과, 그들의 기저형은 각각 /먹-/, /딲-/이다.

안악 지역어에서 연구개음으로 끝나는 용언 어간은 다음과 같다.

(24) 연구개음으로 끝나는 용언 어간

/Xㄱ-/류: 막-(防), 먹-(食), 녹-(融), 쏙-(欺), 죽-(死), 익-(熟),[59] 찍-(撮)[60] 등.

/Xㄲ-/류: 깎-(削), 꺾-(折), 딲-(揩), 묶-(束), 섞-(混) 등.

마지막으로 후음으로 끝나는 용언 어간이 출현하는 예들을 관찰한다.

---

56   전설모음화의 수의적인 적용으로 '裂'의 의미를 지닌 동사 어간이 쌍형어 '쯪~쯫'으로 존재한다.

57   활용형 '씨끄구, 씨끄문, 씨끈다' 등으로부터 '洗'의 의미를 가진 동사 어간이 '씨끄-'로 재구조화되므로 이 어간은 쌍형어 '씿-~씨끄-'로 존재한다.

58   안악 지역어에는 연구개음 'ㅇ, ㅋ'으로 끝나는 용언 어간이 확인되지 않았다.

59   두음법칙의 수의적인 적용으로 '熟'의 의미를 가진 어간이 쌍형어 '익-~닉-'으로 존재한다.

60   'ㄷ'구개음화 현상의 수의적인 적용으로 '撮'의 의미를 가진 어간이 쌍형어 '찍-~딕-'으로 나타난다.

(25) /Xㅎ-/류: 놔: 노:문, 노쿠, 논는다   (放)

(25)는 '放'의 의미를 가진 용언 어간 뒤에 어미 '-아, -으문, -는다'가
결합된 예들이며 이러한 활용형으로부터 어간의 교체형이 '노-, 놓-, 논-'
으로 추출된다. 이를 검토해 보면, 어간의 기저형을 '놓-'로 설정하면
'노쿠', '노는다'의 실현은 '놓-구', '놓-는다' 통합에 유기음화, 비음화 등
의 규칙이 적용된 결과이고, '놔:', '노:문'은 '놓-아', '놓-으문' 결합에서
후음 탈락, 'w'활음화, 모음의 완전 순행 동화, 장모음화 등이 일어난 것
으로 설명할 수 있다.[61] 그러므로 '放'의 의미를 가진 용언 어간의 기저
형은 /놓-/이 된다.[62]

안악 지역어에서 확인되는 후음으로 끝나는 용언 어간은 다음과 같다.

(26) 후음으로 끝나는 용언 어간
    /Xㅎ-/류: 낳-(産), 놓-(放), 넣-(放入),[63] 땋-(辮), 띻-(搗), 좋-(好),[64]

---

61 이진호(2003:178)에 따르면 현대 한국어에서 '놓-' 뒤에 '-아', '-으니'가 결합될 때 '노아
    ~놔:', '노으니~노:니'로 실현된 것은 모음으로 시작되는 어미와 결합할 때 어간 말의
    'ㅎ'이 탈락하면서 생긴 모음 연쇄에 활음화, 모음의 완전 순행 동화가 수의적으로 적용되
    기 때문이다. 후술하겠지만 안악 지역어에서는 이러한 현상은 필수적으로 적용된다.
62 서울 지역어를 대상으로 한 유필재(2001:88-96)에서는 '놓-', '낳-'의 활용형에 의하여
    '놓-'류, '낳-'류 어간을 각각 복수기저형 '노-('-ㄴ다, -ㅂ니다' 어미 앞)/놓-(그 이외의
    환경)', '낳-('-ㄴ다, -ㅂ니다' 어미 및 모음과 매개모음 어미 앞)/나-(그 이외의 환경)'를
    가진 어간으로 설정한 바가 있다.
63 안악 지역어에서 '放'의 의미를 가진 용언 어간이 '넣-' 외에 '엏-, 닣-'으로 실현되기도
    한다. 이는 이전 시기에 공존하였던 '넣-, 엏-' 중에 '넣-'이 유지되고 '엏->엏-', '넣->닣-'
    의 변화 과정을 거쳐 쌍형어 '넣-~엏-~닣-'으로 나타난 것으로 여겨진다. 안악 지역어뿐
    만 아니라 고동호·장승익(2018)에 의하면 '넣-'은 은율, 송화 지역에서도 '넣-', '엏-',
    '닣-'으로 나타난다.
    ㄱ. 다 녀 가지고 그기스 살앗어.(다 넣어서 거기에서 살았어.)<송화 p261>
    ㄴ. 솥 안에 다 여서 덮어 놓구슨.(솥 안에 다 넣어서 덮어 놓고서는.)<은율 p363>

-(粹), 내놓-(賭) 등.

⑬ 자음군으로 끝나는 용언 어간

김수영(2014:11)에서는 황해도 방언 이외의 한반도 도별(道別) 방언에서 용언 어간말에 올 수 있는 자음군으로 'ㅂㅆ, ㄵ, ㄶ, ㄻ, ㄼ, ㄿ, ㄾ, ㅀ, ㄴㅌ, ㅁㅁ, ㅁㅆ, ㅇㄱ, ㅇㄲ, ㅇㅈ, ㅇㅋ, ㅇㅎ, ㄹㄲ' 등 최대 18개가 조사되었다. 이 책의 조사에 따르면 안악 지역어에서 용언 어간말에 올 수 있는 자음군은 'ㄵ, ㄶ, ㄻ, ㄼ, ㄼ, ㄾ, ㅀ, ㅂㅆ' 등 8개만이 있으며 이들 어간이 출현하는 예들은 다음과 같다.[65]

(27) ㄱ. /Xㄵ-/류: 안자서, 안즈문, 안꾸, 안는다 (坐)
　　ㄴ. /Xㄶ-/류: 마나, 마느문, 만쿠, 만타 (多)
　　ㄷ. /Xㄻ-/류: 말가서, 말그문, 말꾸, 말따 (淸)
　　ㄹ. /Xㄼ-/류: 절머, 절무니까, 점띠, 점따 (少)
　　ㅁ. /Xㄼ-/류: 발바두, 발부문, 발꾸, 발른다 (踏)
　　ㅂ. /Xㄾ-/류: 흘터서, 흘트문, 흘꾸, 흘른다 (擼)
　　ㅅ. /Xㅀ-/류: 끄러두, 끄르문, 끌쿠, 끌른다 (沸)
　　ㅇ. /Xㅂㅆ-/류: 업써서, 업쓰문, 업꾸, 업따 (無)

(27)에 제시된 활용형은 자음군으로 끝나는 용언 어간 뒤에 어미 '-아서, -아, -어, -아두, -어서', '-으문, -으니까', '-구, -디, -는다, -다' 등이 결합된 것이다. (27ㄱ)에서는 '坐'의 의미를 지닌 어간의 교체형이 '앉-,

---

　　ㄷ. 내 안 넣갓다구.(내가 안 넣겠다고 (했어).)<송화 p323>
64　형태소 내부의 'ㄷ'구개음화의 수의적인 적용으로 이진 시지의 '동-(好)'이 안악 지역어에서 쌍형어 '동-~좋-'으로 존재한다.
65　안악 지역어에서 어간 말에 'ㄼ'을 가진 용언 어간이 발견되지 않았다. 한편, 金英培(1981:12)에 따르면 중부 방언에서의 '읊다(吟)'가 황해도 방언에서 '을푸다'로 실현된다.

안-'이 나타나고, 기저형은 /앉-/으로 설정할 수 있다. (27ㄴ)-(27ㅇ)에
서는 각각 '多', '少', '踏', '擼', '沸', '無'의 뜻을 가진 어간들의 교체형
으로부터 그들의 기저형을 각각 /많-/, /맑-/, /젊-/, /밟-/, /흝-/, /끓-/,
/업ㅆ-/으로 설정한다.

안악 지역어에서 확인되는 자음군으로 끝나는 용언 어간은 다음과 같다.

(28) 자음군으로 끝나는 용언 어간
    /Xㄵ-/류: 앉-(坐), 엱-(閣).
    /Xㄶ-/류: 많-(多), 끊-(切), 않-(보조 용언), 괜찮-(無妨).
    /Xㄺ-/류: 굵-(太), 늙-(老), 맑-(淸), 밝-(明), 읽-(讀) 등.
    /Xㄻ-/류: 젊-(少), 닮-(似), 삶-(煮).[66]
    /Xㄼ-/류: 넓-(廣),[67] 밟-(踏), 얇-(薄), 짧-(短).[68]
    /Xㄾ-/류: 핥-(舐), 흝-(擼).
    /Xㅀ-/류: 꿇-(跪), 끓-(沸), 뚫-(穿), 싫-(嫌), 앓-(瘵), 잃-(失).[69]
    /Xㅂㅆ-/류: 업ㅆ-(無),[70] 일업ㅆ-(無妨).[71]

---

66 '煮'의 뜻을 가진 용언 어간이 쌍형어 '삶-~쌂-'으로 존재한다.
67 '廣'의 의미를 가진 형용사 어간이 쌍형어 '넓-~넒-'으로 조사되었다. 한편, 金泰均
    (1986:126), 金英培(1997ㄴ:241, 236) 등에 따르면 '넓-'은 평안도 방언에서 주로 '넒-'
    으로 나타나고 함경도 방언에서 '넙-, 너르-'로 실현된다.
68 '短'의 뜻을 지닌 형용사 어간이 쌍형어 '짧-~쨟-~땳-'으로 존재한다. 한편, 김병제
    (1980:477-478), 金泰均(1986:485), 金英培(1997ㄴ:225) 등에 따르면 '짧-'은 평안도
    방언에서 주로 '짧-, 땹-, 땳-, 댥-' 등으로 나타나고 함경도 방언에서 '짧-, 댜르-, 짜르-'
    등으로 실현된다. 안악 지역어에서 '넓-~넒-', '짧-~쨟-~땳-'의 존재는 평안도 방언의
    영향을 받은 것으로 여겨진다.
69 '失'의 의미를 가진 동사 어간이 '잃-' 이외에 '핧-'으로 실현되기도 한다(예: 히럳따).
70 모음 'ㅓ'와 'ㅗ'의 합류 때문에 '無'의 뜻을 지닌 어간이 쌍형어 '업ㅆ-~옵ㅆ-'으로 존재
    한다. 고동호·장승익(2018:68, 151, 185)에 의하면 '업ㅆ-'이 송화, 은율 지역에서 '업ㅆ-
    ~옵ㅆ-~웁ㅆ-'으로 나타난다.
71 여기서 '일업ㅆ-'은 '걱정하거나 개의할 필요가 없다'는 뜻으로 사용된다.

② 모음으로 끝나는 용언 어간

여기서는 단모음으로 끝나는 어간 및 이중모음으로 끝나는 어간을 나눠서 살펴본다.

Ⓐ 단모음으로 끝나는 용언 어간

우선 전설모음으로 끝나는 용언 어간들이 사용되는 예들을 분석한다.[72]

> (29) ㄱ. /Xㅣ-/류: 셔:~세:, 시문, 시구, 시다   (酸)
> ㄴ. /Xㅔ-/류: 메:서, 메문, 메구, 멘다   (擔)
> ㄷ. /Xㅐ-/류: 매:, 매문, 매구, 맨다   (耘)

(29)의 활용형은 용언 어간 뒤에 어미 '-어, -어서(혹은 '-아, -아서)', '-문, -구, -다, -ㄴ다'가 결합된 것이다. 우선, 어미 '-문, -구' 앞에서 '酸', '擔', '耘'의 의미를 가진 이들 어간의 표면형이 각각 '시-', '메-', '매-'로 나타나므로 이들을 각각의 기저형으로 설정하여 그 타당성을 검토한다. '시-'를 기저형으로 설정하면, '셔:~세:'의 실현은 'j'활음화, 보상적 장음화, '여'축약 등으로 설명할 수 있다. '메-'를 기저형으로 설정하면, '메:서'를 '메-어서'의 결합에 모음의 완전 순행 동화를 적용시킨 것으로 설명할 수 있다. 마찬가지로 '耘'의 의미를 가진 어간의 기저형을 /매-/로 설정하면 '매:'는 '매-어'의 결합에서 모음의 완전 순행 동화가 일어난 결과이다.

안악 지역어에서 전설모음으로 끝나는 용언 어간은 다음과 같다.

---

[72] 이 책에서는 전설모음 'ㅣ, ㅔ, ㅐ, ㅚ'로 끝나는 용언 어간이 확인되는데 'ㅚ'로 끝나는 어간의 기저형에 대하여 '3.1.22 복수 기저형'에서 논의한다.

(30) 전설모음으로 끝나는 용언 어간

/Xㅣ-/류: 가-(匍), 이-(戴), 찌-(蒸),[73] 보이-(示), 모이-(會), 딛끼-(被
聞),[74] 신끼-(使履), 안끼-(被抱),[75] 제리-(麻),[76] 메기-(使
食),[77] 마키-(被防),[78] 자피-(被執),[79] 조이-(攄),[80] 살리-(使
活),[81] 말리-(使乾)[82] 등.

/Xㅔ-/류: 메-(擔), 베-(枕), 베-(割), 세-(勛),[83] 세-(計)[84] 등.

/Xㅐ-/류: 깨-(醒), 대-(爲, 되-), 내-(出), 매-(耘), 매-(係), 캐-(採), 쪼

---

73 'ㄷ'구개음화의 수의적인 적용으로 '蒸'의 의미를 가진 용언 어간이 쌍형어 '찌-~띠-'로
    존재한다.

74 안악 지역어에서 규칙 활용을 하는 용언 어간 '딛-(聞)'의 피동형이 '딛끼-'로 나타난다.

75 중앙어의 '신기다', '안기다'가 여기서 '신끼다, 안끼다'로 실현되는데 이러한 실현은 한국
    어의 여러 방언에서 포착할 수 있다. ≪한국방언자료집≫에서 '신겨'의 발음에 대해 전국적
    조사를 진행한 바가 있다. 그 결과 진도를 제외한 전라남도 전 지역, 경상남도의 산청,
    무주를 제외한 전라북도 전 지역, 경상북도의 영풍·울진, 충남의 예산·청양·연기·부
    여·논산·금산, 충청북도의 진천·청원과 경기도의 파주·고양·광주·이천·여주·
    평택·포천·안성·김포·연천·강화·가평·양주 등 지역에서 모두 '[신껴]'로 나타난
    다. '신겨'에서의 경음화가 경북의 영풍·울진을 제외하면 대체로 서부 지역, 즉 음장이
    있는 지역에서 일어난 것을 주목할 만하다. 안악 지역도 음장을 가진 지역에 속하는데
    이러한 현상이 음장과 어떠한 관련이 있는지 더 자세히 살펴볼 필요가 있다.

76 형태소 내부의 움라우트 현상의 적용으로 어간 '자리-'가 안악 지역어에서 '제리-'로 실현
    된다.

77 동사 '먹-'의 사동형 '먹이-'가 움라우트 현상의 적용으로 '메기-'로 나타난다.

78 동사 '막-'의 피동형 '막히-'가 움라우트 현상의 수의적인 적용으로 쌍형어 '마키-~매키-'
    로 나타난다.

79 동사 '잡-'의 피동형 '잡히-'가 움라우트 현상의 수의적인 적용으로 쌍형어 '자피-~재피-'
    로 나타난다.

80 어두 경음화의 수의적인 적용으로 '攄'의 뜻을 지닌 어간이 쌍형어 '조이-~쪼이-'로 실현
    된다.

81 동사 '살-'의 사동형이 '살리-' 이외에 '살쿠-'로 재구조화된다(예: 살콰 줘서, 살콴따).

82 동사 '말-'의 사동형이 '말리-' 이외에 '말리우-'로 재구조화된다(예: 말리운 거, 말리우디,
    말리워).

83 어두 경음화의 수의적인 적용으로 '强'의 의미를 가진 어간이 쌍형어 '세-~쎄-'로 존재한다.

84 이전 시기의 '셰-(計)'가 형태소 내부의 'ㅎ'구개음화의 수의적인 적용 및 'j'탈락으로 현재
    쌍형어 '세-~헤-'로 실현된다.

개-(析) 등.

다음으로 후설모음으로 끝나는 용언 어간을 관찰한다.

(31) ㄱ. /X─/류: 써, 쓰문, 쓰구, 쓰다   (苦)
    ㄴ. /Xㅓ/류: 설따, 서문, 서구, 선다   (立)
    ㄷ. /Xㅏ/류: 가서, 가문, 가구, 간다   (去)
    ㄹ. /Xㅗ/류: 쏴:, 쏘문, 쏘구, 쏜다   (疪)
    ㅁ. /Xㅜ/류: 꿔서, 꾸문, 꾸구, 꾸는 거   (貸)

(31)에 제시된 활용형은 후설모음으로 끝나는 용언 어간 뒤에 어미 '-어, -엇다, -아서, -아, -어서', '-문, -구, -다, -ㄴ다, -는' 등이 결합된 것이다.[85] 어미 '-문, -구' 앞에 '苦', '立', '去', '疪', '貸'의 의미를 가진 이들 어간의 표면형이 각각 '쓰-', '서-', '가', '쏘-', '꾸'로 나타나므로 이들을 각각의 기저형을 설정하여 그 타당성을 검토한다. 이 지역어의 공시적 음운 현상을 감안하여, (31)에서 출현된 어간의 기저형을 각각 /쓰-/, /서-/, /가-/, /쏘-/, /꾸-/로 설정한다.

안악 지역어에서 확인되는 후설모음으로 끝나는 용언 어간은 다음과 같다.

(32) 후설모음으로 끝나는 용언 어간
    /X─/류: 끄-(灭), 쓰-(苦), 쓰-(用),[86] 당그-(淹), 장그-(閉), 딸르-(隨) 등.

---

[85] 과거 시제 어미 '-었다'가 안악 지역어에서 '-엇다'로 실현되는데 관련 논의는 후술하겠다.
[86] '用'의 의미를 가진 동사 어간이 '쓰-' 이외에 '씨-'로 실현되기도 한다(예: 씬다, 씨디. 씨구, 써, 씨문). 그러나 '苦'의 뜻을 가진 형용사 어간은 늘 '쓰'로 나타난다. 이러한 차이는 품사에서 비롯된 것으로 여겨진다.

/Xㅓ-/류: 서-(立),[87] 나서-(進出) 등.
/Xㅏ-/류: 가-(去), 짜-(鹹), 만나-(逢),[88] 나가-(出去), 맛나-(美味) 등.
/Xㅗ-/류: 보-(見), 쏘-(疱, 쑤시-), 오-(來), 깔보-(媒), 테다보-(盱)[89] 등.
/Xㅜ-/류: 꾸-(貸), 꾸-(夢), 바꾸-(易), 보꾸-(炒),[90] 배우-(學), 치우-(除), 키우-(養), 절쿠-(使醜)[91] 등.

ⓑ 이중모음으로 끝나는 용언 어간

이중모음 중 'ㅕ, ㅔ, ㅟ'로 끝나는 용언 어간만이 확인되고 이 중에 'ㅟ'로 끝나는 어간의 기저형 설정은 복수 기저형에서 논의한다. 여기서는 'ㅕ, ㅔ'로 끝나는 어간이 출현하는 예들을 살펴본다.

(33). ㄱ. /Xㅕ-/류: 펴서, 펴문, 펴구, 편다 (伸)
　　　ㄴ. /Xㅔ-/류: 꿰;, 꿰문, 꿰구, 꿴다 (貫)

(33)의 활용형은 어간 뒤에 어미 '-어서, -어', '-문, -구, -ㄴ다'가 결합된 것이다. 우선 '-문, -구' 앞에서 '伸', '貫'의 의미를 지닌 어간의 표면형이 각각 '펴-', '꿰-'로 나타나므로 이를 각각의 기저형으로 설정하여 그 타당성을 검토한다. 확인한 결과, (33)에서 출현된 어간의 기저형은 각각 /펴-/, /꿰-/이다.

87　안악 지역어에서 이전 시기의 '셔-'가 'ㅣ'탈락으로 생기 어형 '서-' 및 '여'축약에 의한 어형이 공존하고 있다. 즉 '立'의 의미를 가진 동사 어간이 쌍형어 '서-~세-'로 나타난다.
88　'逢'의 뜻을 지닌 어간이 '만나-' 이외에 '만내-'로 재구조화된다(예: 만내는 거, 만내디, 만내서).
89　'ㄷ'구개음화 및 '여'축약에 의하여 '盱'의 의미를 가진 어간이 '테다보-'로 실현된다.
90　'炒'의 의미를 가진 동사 어간이 '보꾸-'로 실현되는데 어두 경음화의 수의적인 적용으로 쌍형어 '보꾸-~뽀꾸-'로 존재한다.
91　안악 지역어에서 '절-'의 사동사가 '절쿠-'로 실현된다.

안악 지역어에서 이중모음으로 끝나는 용언 어간은 다음과 같다.

(34) 이중모음으로 끝나는 용언 어간
/Xㅕ-/류: 펴-(伸),[92] 혀-(點燈).[93]
/Xㅞ-/류: 꿰-(貫).

3.1.2.2. 복수 기저형

여기서는 중앙어에서 이른바 불규칙 활용을 일으키는 어간을 복수 기저형을 가진 어간으로 보고 그들의 기저형 유형을 살펴본다.

(35) ㄱ. /X{ㄷ-르}-/류: 문는다, 묻꾸, 무러서, 무르문   (問)
ㄴ. /X{ㄷ-으}-/류: 인는다, 읻꾸, 이어서, 이으문   (續)
ㄷ. /X{ㅂ-우}-/류: 곱따, 곱꾸, 고와서, 고우문   (麗)
ㄹ. /X{ㅿ르}으-/류: 까른다, 까르구, 깔라서, 까르문 (分)
ㅁ. /X{우-으}-/류: 고푸다, 고푸구, 고파서, 고푸문 (飢)

(35)는 각각 중부 방언에서 'ㄷ'불규칙, 'ㅅ'불규칙, 'ㅂ'불규칙, '르'불규칙, '으'불규칙 용언으로 불리는 어간이 안악 지역어에서 어미와 통합하는 예들이다. (35ㄱ)에서는 어간의 교체형이 자음으로 시작되는 어미 '-는다, -구', 모음으로 시작되는 어미 '-어서', 매개모음으로 시작되는 어미 '-으문' 앞에 각각 '문-, 묻-', '무르-', '무르-'로 나타난다. 각 교체형을 잠정 기저형으로 설정하여 그 타당성을 검토한 결과, '問'의 의미

---

92 형태소 내부의 '여'축약의 수의적인 적용으로 '伸'의 뜻을 가진 용언 어간이 쌍형어 '펴~페-'로 존재한다.

93 이전 시기의 '혀-~혀-(點燈)'가 안악 지역어에서 '여'축약의 수의적인 적용으로 쌍형어 '혀~헤-'로 나타난다.

를 가진 어간의 기저형은 /무{ㄷ-르}-/로 설정한다.[94] (35ㄴ)에서는 어
간의 교체형이 어미 '-는다, -구', '-어서', '-으문' 앞에 각각 '인-, 읻-',
'이-', '이으-'로 나타난다. 각 교체형을 잠정 기저형으로 설정하여 그 타
당성을 검토한 결과, '續'의 의미를 가진 어간의 기저형은 /이{ㄷ-으}-/
이다. (35ㄷ)에서는 어간의 교체형이 어미 '-다, -구', '-아서', '-으문' 앞
에 각각 '곱-', '고w-', '고우-'로 나타난다. 각 교체형을 잠정 기저형으로
설정하여 그 타당성을 검토한 결과, '麗'의 의미를 가진 어간의 기저형
은 /고{ㅂ-우}-/이다. (35ㄹ)에서는 '分'의 뜻을 가진 어간의 교체형이
어미 '-ㄴ다, -구, -으문' 및 '-아서' 앞에 각각 '까르-', '깔르-'로 나타나
고 그 기저형은 /까르{ø-ㄹ}으-/로 설정한다. (35ㅁ)에서는 '飢'의 의미
를 지닌 어간의 교체형이 어미 '-다, -구, -으문', '-아서' 앞에 각각 '고푸-',
'고퓨-'으로 나타나며 기저형은 /고푸{우-으}-/로 설정한다.

　위와 같은 유형의 복수 기저형을 가진 용언 어간은 다음과 같다.

　　(36) 복수 기저형을 가진 용언 어간1
　　　　/X{ㄷ-르}-/류: 거{ㄷ-르}-(蹬), 무{ㄷ-르}-(問), 붓{ㄷ-르}-(滋), 깨다
　　　　　　{ㄷ-르}-(覺) 등.[95]
　　　　/X{ㄷ-으}-/류: 붓{ㄷ-으}-(脹), 이{ㄷ-으}-(續) 등.[96]

94　'ㄷ'불규칙 용언 어간의 복수 기저형을 방언에 따라 /X{ㄷ-ㄹ}-/(崔明玉 1985ㄴ:183),
　　/X{ㄷ-르}-/(金星奎 1988:30), /X{ㄷ-ㅎ}-/(최명옥 2006:31, 이금화 2007:111), /X{ㄷ
　　-ㅎ}-/(이진호 2008:154) 등으로 설정하는 방안이나 가능성이 제시되어 왔다.

95　/X{ㄷ-르}-/류 어간의 경우, /Xㄷ-/은 자음으로 시작되는 어미 앞에 결합되고, /X르-/는
　　모음 및 매개모음으로 시작되는 어미 앞에 결합된다.

96　/X{ㄷ-으}-/류 어간의 경우, /Xㄷ-/은 자음으로 시작되는 어미 앞에 결합되고, /X으-/는
　　모음 및 매개모음으로 시작되는 어미 앞에 결합된다. 그러나 'ㅅ'불규칙 용언이고 '造'의
　　의미를 가진 동사가 '진는다, 짇꾸, 제:서, 지:문' 등과 같은 활용을 하고 있는데 그 기저형을
　　단순히 /지{ㄷ-으}-/로 설정하면 '제:서, 지:문'의 출현을 제대로 설명할 수 없다. 한편,

/X{ㅂ-우}-/류: 고{ㅂ-우}-(麗), 도{ㅂ-우}-(助), 더{ㅂ-우}-(熱), 누{ㅂ-우}-(臥), 반가{ㅂ-우}-(歡), 가차{ㅂ-우}-(近) 등.[97]

/X{ø-르}으-/류: 까르{ø-르}으-(分), 빠르{ø-르}으-(速), 오르{ø-르}으-(昇), 찌르{ø-르}으-(刺), 흐르{ø-르}으-(流), 조르{ø-르}으-(搙),[98] 모르{ø-르}으-(不知), 부르{ø-르}으-(呼)[99] 등.[100]

/X{우-으}-/류: 나쁘{우-으}-(傷), 바쁘{우-으}-(忙), 기쁘{우-으}-(喜), 고프{우-으}-(飢), 슬프{우-으}-(悲), 프{우-으}-(汲) 등.[101]

다음으로 중부 방언에서 'ㅎ'불규칙 용언으로 불리는 어간들이 안악 지역어에서 어떻게 나타나는지 관찰한다.

(37) ㄱ. /X{ㅎ-ㅐ-ㅓ}-/류: 그러타, 그러티, 그래서, 그러문 (然)
    ㄴ. /X{ㅎ-ㅐ-ㅏ}-/류: 까마타, 까마쿠, 까매서, 까마니까 (黑)

(37)은 중부 방언에서 'ㅎ'불규칙 용언으로 불리는 어간이 안악 지역

고동호·장승익(2018:)에서 '造'의 뜻을 가진 이 동사 어간이 '짛-'으로 출현된 모습이 확인된다.
　ㄱ. 천막들 다 짛으스 그 살다가슨나리.(천막들을 다 지어서 거기에서 살다가.)<은율 p87>
　ㄴ. 하꾸방 짛어 놓고 살라 그래.(판잣집을 지어 놓고 살라고 그래서.)<송화 p175>
97 /X{ㅂ-우}-/류 어간의 경우, /Xㅂ-/은 자음으로 시작되는 어미 앞에 결합되고, /X우-/는 모음 및 매개모음으로 시작되는 어미 앞에 결합된다.
98 어두 경음화의 수의적인 적용으로 자음 및 매개모음으로 시작되는 어미 앞에서 '조르-~쪼르-'로 출현하고 모음으로 시작되는 어미 앞에서 '졸르-~쫄르-'로 나타난다.
99 모음 'ㅡ'와 'ㅜ' 합류의 수의적인 적용 때문에 자음 및 매개모음으로 시작되는 어미 앞에 '모르-~모루-~몰루-', '부르-~부루-~불루-'로 나타난다.
100 /X{ø-르}으-/류 어간의 경우, /X으-/는 자음 및 매개모음으로 시작되는 어미 앞에 결합되고 /X르-/는 모음으로 시작되는 어미 앞에 결합된다.
101 /X{우-으}-/류 어간의 경우, /X우-/는 자음 및 모음으로 시작되는 어미 앞에 결합되고, /X으-/는 매개모음으로 시작되는 어미 앞에 결합된다.

어에서 어미와 통합하는 예들이다. (37ㄱ), (37ㄴ)에서는 어간의 교체형이 각각 어미 '-다, -디' 앞에 '그렇-', '까맣-'으로, '-어서' 앞에 '그래-', '까매-'로, '-으문, -으니까' 앞에 '그러-', '까마'로 나타난다. 우선, (37ㄱ)의 어간 기저형을 /{그렇-그래-그러}-/로 설정하여 그 타당성을 검토한다. '그래서'의 실현은 '그래-어서'의 결합에 모음의 완전 순행 동화를 적용시킨 결과로 설명할 수 있다. 그러므로 '然'의 의미를 가진 어간의 기저형은 /{그렇-그래-그러}-/이다.[102] 마찬가지로 '黑'의 의미를 지닌 어간의 기저형을 /{까맣-까매-까마}-/로 설정한다.

위와 같은 유형에 속하는 용언 어간은 다음과 같이 확인된다.

(38) 복수 기저형을 가진 용언 어간2
/X{ㅎ-ㅐ-ㅓ}-/류: 그르{ㅎ-ㅐ-ㅓ}-(然), 이르{ㅎ-ㅐ-ㅓ}-(如斯) 등.[103]
/X{ㅎ-ㅐ-ㅏ}-/류: 까마{ㅎ-ㅐ-ㅏ}-(黑), 빨가{ㅎ-ㅐ-ㅏ}-(煒), 노르{ㅎ-ㅐ-ㅏ}-(黃), 파르{ㅎ-ㅐ-ㅏ}-(靑) 등.[104]

이어서 동사 '하-' 및 접미사 '하-'로 구성된 용언 어간을 살펴본다.
(39) ㄱ. /ㅎ{ㅏ-ㅐ}-/: 한다, 하구, 해서, 하문   (爲)
ㄴ. /Xㅎ{ㅏ-ㅐ}-/류: 모단다, 모다구, 모대서, 모다문   (劣)

(39)에 제시된 활용형은 각각 동사 '하-', 어근과 접미사 '하-'의 파생용언 어간 뒤에 어미 '-ㄴ다, -구, -어서(또는 '-아서'), -으문'이 결합된 것

---

102 崔明玉(1988:64), 배주채(2008:361) 등에서는 '그렇-'의 기저형을 복수 기저형 /그렇-/ (자음 어미 앞), /그러-/(매개모음 어미 앞), /그래-/(그 이외의 경우)로 설정한 바가 있다.
103 /X{ㅎ-ㅐ-ㅓ}-/류 어간의 경우, /Xㅎ-/는 자음 어미 앞에, /Xㅐ-/는 '어'계 어미 앞에, /Xㅓ-/는 '으'계 어미 앞에 결합된다.
104 /X{ㅎ-ㅐ-ㅏ}-/류 어간의 경우, /Xㅎ-/는 자음 어미 앞에, /Xㅐ-/는 '어'계 어미 앞에, /Xㅏ-/는 '으'계 어미 앞에 결합된다.

이다. (39ㄱ)에서는 '爲'의 의미를 기진 어간의 교체형이 자음 및 매개모음으로 시작되는 어미 앞에 '하-'로, 모음으로 시작되는 어미 앞에 '해-'로 나타나므로 기저형을 /ㅎ{ㅏ-ㅐ}-/로 설정한다. (39ㄴ)에서는 '劣'의 의미를 지닌 어간의 교체형이 '모다, 모대-'로 나타나므로 기저형은 /몯ㅎ{ㅏ-ㅐ}-/이다.[105]

이상과 같은 유형에 속하는 용언 어간은 다음과 같다.

> (40) 복수 기저형을 가진 용언 어간3
>> /Xㅎ{ㅏ-ㅐ}-/류: ㅎ{ㅏ-ㅐ}-(爲), 잘ㅎ{ㅏ-ㅐ}-, 한심ㅎ{ㅏ-ㅐ}-(寒心), 몯ㅎ{ㅏ-ㅐ}-(劣), 생각ㅎ{ㅏ-ㅐ}-(念), 밥ㅎ{ㅏ-ㅐ}(飯)-, 굽ㅎ{ㅏ-ㅐ}-(急) 등.[106]

다음으로 '如'의 뜻을 가진 형용사 어간과 어미의 활용 양상을 분석한다.

> (41) 갇따, 갇꾸, 가태서, 가트문, 가트네, 가트나?　　　　　(如)

(41)에서 보듯이 '如'의 의미를 가진 어간의 교체형이 '-다, -구' 앞에서 '갇-'으로, '-어서(또는 '-아서)' 앞에서 '가태-', '-으문' 앞에 '같-'으로, '-네, -나' 앞에 '가트-' 총 4개로 나타난다.[107] 이러한 교체형들을 하나의 기저형으로 묶을 수 없으므로 다음 (42)에서와 같은 복수 기저형을 설정한다.

105　후술하겠지만 안악 지역어에서 장애음으로 끝나는 어근과 접미사 '하-'의 결합에 후음 'ㅎ'이 적용되는 경우가 대부분이다.
106　/Xㅎ{ㅏ-ㅐ}-/류 어간의 경우, /X하-/는 자음 및 매개모음으로 시작되는 어미 앞에 결합되고, /X해-/는 모음으로 시작되는 어미 앞에 결합된다.
107　활용형 '가트문'을 '가트-으문'으로 분석할 수도 있다.

(42) 복수 기저형을 가진 용언 어간4
/가ㅌ{ø-ㅐ-ㅡ}-/   (如)[108]

마지막으로 단모음 'ㅚ', 이중모음 'ㅟ'로 끝나는 용언 어간을 살펴본다.

(43) ㄱ. /X{ㅘ-ㅙ}/류: 되다, 되게, 되문, 돼:서   (硬)
    ㄴ. /X{ㅟ-ㅞ}/류: 쉰다, 쉬구, 쉬문, 쉐:서   (休)

(43ㄱ)에서는 우선 '硬'의 의미를 가진 어간의 교체형이 '-다, -게, -으문' 앞에 '되-'로 나타나는 것이 확인된다. 이때 어간의 기저형을 /되-/ 하나로 설정하면 '되-어서'에서 '돼:서'로의 실현을 공시적으로 설명하기 어렵다.[109] 공시적인 기술을 위하여 '硬'의 뜻을 가진 어간의 기저형을 /{되-돼}-/로 설정한다.[110] 이때 '돼:서'의 실현은 '돼-어서' 결합에 모음의 완전 순행 동화가 적용된 결과로 기술할 수 있다. (43ㄴ)에서는 '休'의 뜻을 지닌 어간이 '-ㄴ다, -구, -으문' 앞에 '쉬-'로 나타나는 것이 확인된다. 마찬가지로 기저형을 /쉬-/로 설정하면 '쉬-어서'가 '쉐:서'로 실현되는 것을 공시적인 음운 규칙으로 설명하기 어려우므로 복수 기저형 /{쉬-쉐}-/로 설정한다.[111]

---

108 복수 기저형 어간 /가ㅌ{ø-ㅐ-ㅡ}-/ 중, /가ㅐ-/는 모음으로 시작되는 어미 앞에 결합되고, /가ㅌ-/는 'ㄴ'으로 시작되는 어미 앞에 결합되고 /같-/은 그 이외의 환경에 결합된다. 한편, 활용형 '걷따, 걷꾸, 거태서, 거트문, 거트네, 거트나?' 등으로부터 어간 '겉-/거태/거트-'가 재구조화된다. 즉 안악 지역어에서 '如'의 뜻을 가진 어간이 쌍형어 '가ㅌ{ø-ㅐ-ㅡ}-~거ㅌ{ø-ㅐ-ㅡ}-'로 존재한다.

109 관련 논의는 이진호(2008:287-288)에서 자세하게 설명한 바가 있다.

110 단모음 'ㅚ'로 끝나는 용언 어간의 기저형을 복수 기저형으로 설정하는 분석 방법은 金鳳國(2000:28), 유필재(2001:135-136), 이진호(2008:289) 등에서 제기한 바가 있다.

111 형태소 경계에서 '위-어'가 '웨:'로의 실현 과정에 대해 다음과 같은 방안들이 제기되어 왔다.

안악 지역어에서 모음 'ㅚ', 'ㅟ'로 끝나며 복수 기저형을 가진 어간은 다음과 같다.

(44) 복수 기저형을 가진 용언 어간5
　　/X{ㅚ-ㅙ}-/류: ㄷ{ㅚ-ㅙ}-(硬), {외-왜}-(誦)[112] 등.[113]
　　/X{ㅟ-ㅞ}-/류: ㄲ{ㅟ-ㅞ}-(屁), ㄸ{ㅟ-ㅞ}-(躍), ㅅ{ㅟ-ㅞ}-(休), ㅅ{ㅟ-
　　ㅞ}-(饐), 바ㄲ{ㅟ-ㅞ}-(被易) 등.[114]

3.2. 조사 및 어미의 기저형

여기서는 주로 안악 지역어에서 널리 쓰이는 격 조사 및 보조사를 대상으로 논의를 진행한다.

3.2.1. 조사의 기저형

일반적으로 조사는 단수 기저형을 가진 형태 및 복수 기저형을 가진

---

① '어'전설화 및 'w'활음화를 거친 것(배주채 1998:120. 예: 뒤:-어→뒤:에→뒈:).
② 이중모음 '위'가 '이'로 단모음화된 후에 'j'활음화, '여'축약이 적용된 것(이금화 2007:171-172).
③ 'ㅟ'말음 어간을 복수 기저형으로 설정하는 것(金鳳國 2000:27, 이진호 2008: 293-294).
112　'誦'의 의미를 가진 어간이 '와-/왜-' 이외에 '외우-'로 실현되기도 한다(예: 외운다, 외와서, 외우문 등). 그러므로 이 어간이 쌍형어 '{와-/왜-}~외우-'로 존재한다.
113　/X{ㅚ-ㅙ}/류 어간 중 /Xㅚ-/는 자음 및 매개모음으로 시작되는 어미 앞에 결합되고 /Xㅙ-/는 모음으로 시작되는 어미 앞에 결합된다.
114　/X{ㅟ-ㅞ}/류 어간 중 /Xㅟ-/는 자음 및 매개모음으로 시작되는 어미 앞에 결합되고 /Xㅞ-/는 모음으로 시작되는 어미 앞에 결합된다.

형태로 나뉜다.

3.2.1.1. 단수 기저형

여기서는 자음으로 시작되는 조사와 모음으로 시작되는 조사가 포함된다.

① 자음으로 시작되는 조사

자음의 조음 위치에 따라 양순음, 치조음, 연구개음, 후음으로 시작되는 조사로 나뉜다. 여기서는 주로 자연 발화에 대한 분석을 통해 추출한 형태를 중심으로 서술한다.

우선 양순음으로 시작되는 조사가 나타나는 예들을 관찰한다.

> (45) ㄱ. /-보구/: 야보구, 딸보구, 습뽀구
> ㄴ. /-보다/: 내 해보다, 머리깔보다, 입뽀다
> ㄷ. /-마다/: 해마다, 몰마다, 집찜마다
> ㄹ. /-만/: 창가만, 아들만, 밤만

(45ㄱ)에서는 체언 어간 '야(애)', '딸(女)', '습(十)' 뒤에 결합된 조사의 교체형이 '-보구', '-뽀구'로 나타난다. 이때 조사의 기저형을 /-보구/로 설정하면 '-뽀구'의 실현은 평파열음 뒤의 경음화 현상에 의해 설명할 수 있다. 마찬가지로 (45ㄴ)에서는 '해(것)',[115] '머리깔(髮)', '입(口)' 뒤에

---

115 이기갑(2003:631-632)에 따르면 의존 명사 '해'는 몇몇 방언에만 그 흔적을 보인다. 서북 방언, 중부 방언, 동남 방언에서 '해'는 인칭 대명사와 같이 쓰이고 충남 아산 및 경북 방언에서는 인칭 대명사뿐 아니라 '물장사, 사람, 할마씨(할머니), 손님'과 같이 [+사람]의 의미 자질을 가진 일반 명사에도 쓰인다고 한다. 안악 지역어에서는 의존 명사 '해'가 인칭 대명사뿐만 아니라 '색시 해(색시 것)'처럼 일반 명사 뒤에도 사용된다.

결합된 조사의 교체형이 '-보다, -뽀다'로 나타나지만 기저형은 /-보다/로 설정한다. (45ㄴ)에서는 '해(年)', '몰(村)', '집집(家家)' 뒤에 통합된 조사가 하나의 표면형으로 나타나므로 그 기저형은 /-마다/이다. 마찬가지로 (45ㄹ)에서는 '창가(노래)',[116] '아들(子)', '밥(飯)' 뒤에 결합되는 조사도 늘 하나의 형태로 나타나므로 그 기저형은 /-만/이다.[117]

다음은 치조음으로 시작되는 조사의 예들을 관찰한다.

(46) ㄱ. /-대루/: 인간 수대루, 이름대루, 법때루
　　　ㄴ. /-두/: 한나두, 칼두, 집뚜
　　　ㄷ. /-처럼/: 공부하는 거처럼, 꿀처럼, 태산처럼

(46ㄱ)에서 보듯이 '인간 수(식구 수)',[118] '이름(名)', '법(法)' 뒤에 결합된

116　제보자가 말하는 '창가'는 '노래(歌)'의 뜻이고 이는 ≪표준국어대사전≫에 등재된 "갑오개혁 이후에 발생한 근대 음악 형식의 하나. 서양 악곡의 형식을 빌려 지은 간단한 노래이다"라는 뜻을 가진 한자어 '창가(唱歌)'와 다르다. 구체적인 예문을 제시하면 다음과 같다.
　　　ㄱ. 일본 때 배완 거디 머, 다 형명하는 <u>창가만</u> 하다나.
　　　　　(항일전쟁 때 배운 거지 머, 다 혁명하는 <u>노래만</u> 하잖아.)
　　　ㄴ. 여내하는 창가 마니 배왇따구.
　　　　　(연애하는 노래 많이 배웠다고.)

117　실제로 안악 지역어에서 양순음으로 시작되는 조사가 이보다 더 많이 존재하지만 이 책에서는 형태소 경계에서 일어나는 음운 과정에 참여되는 일부의 조사만 제시한다. 또한 다른 조사나 어미를 확인하는 것도 이처럼 대표적인 예들로 몇 개만 제시하는 방법을 택하기로 한다.

118　안악 지역어에서 '인간(人間)'이라는 단어가 '식구', '사람', '사람이 사는 세상' 등 뜻을 가지고 있는데 이 중에서 '식구'의 뜻으로 제일 많이 사용된다.
　　　ㄱ. 글문 <u>인간</u> 수대루 그 지베 <u>인간</u> 메치 메치 다 와서 먹뜽 꺼야.
　　　　　(그러면 식구 수대로 그 집의 식구 몇이 몇이 다 와서 먹던 거야.)
　　　ㄴ. 우리 아이드리 다 삐삐한 <u>인가니디</u>, 띵띵한 꺼이 업써.
　　　　　(우리 아이들이 다 삐삐한 <u>사람</u>이지, 띵띵한 사람이 없어.)
　　　ㄷ. <u>인간</u> 세계, 동서남북, 춘하추동, 이런 거 다 배완 거 읻짜나.
　　　　　(<u>인간</u> 세계, 동서남북, 춘하추동, 이런 거 다 배운 거 있잖아.)

조사의 교체형이 '-대루', '-때루'로 나타난다. 조사의 기저형을 /-대루/로 설정하면 '-때루'의 실현은 평파열음 뒤의 경음화 현상으로 설명할 수 있다. (46ㄴ)에서는 '한나(一)', '집(家)', '칼(刀)' 뒤에 결합된 조사의 교체형이 '-두, -뚜'로 나타나고 곡용에 적용되는 공시적 음운 규칙을 감안하여 조사의 기저형은 /-두/이다. (46ㄷ)의 곡용형은 '공부하는 거', '태산(泰山)', '꿀(蜜)' 뒤에 조사가 붙은 예들이고 이 조사는 하나의 형태로 실현되므로 그 기저형은 /-처럼/이다.

이어서 연구개음으로 시작되는 조사가 출현하는 예들을 분석한다.

(47) ㄱ. /-거티/: 거라지거티, 칼거티, 한집꺼티
ㄴ. /-까지/: 중학꾜까지, 집까지, 낼까지
ㄷ. /-꽈/: 아이꽈, 딸꽈, 한국꽈

(47ㄱ)에 제시된 곡용형은 '거라지(乞丐)', '칼(刀)', '한집(一家)' 뒤에 조사가 통합된 것이다. 여기서 조사의 교체형이 '-거티, -꺼티'로 나타나는데 이 지역어의 공시적인 음운 규칙을 감안하여 이 조사의 기저형은 /-거티/이다.[119] (47ㄴ)은 '중학교(中學校)', '집(家)', '낼(明日)' 뒤에 조사가 결합된 예들인데 여기서 보듯이 이 조사는 늘 '-까지'로 실현되므로 그 기저

위 예들에서 보듯이 '인간'이라는 단어가 (ㄱ)에서는 '식구'의 뜻으로 쓰이고 (ㄴ)에서는 '사람'의 뜻으로 쓰이며 (ㄷ)에서는 '사람이 사는 세상'의 뜻으로 사용된다. 김병제(1980: 205), 金英培(1997ㄴ:115)에서는 명사 '식구'가 평안북도 대부분 지역 특히 안악군과 가까운 남포, 용강 등 평안남도 일부에서 '잉간'으로 조사되었다. 여기의 '잉간'은 명사 '인간'이 단어 내부에서의 연구개음화를 겪은 결과로 여겨진다.

119 앞에서 언급하였듯이 안악 지역어에서 /ㄷ/계열의 자음이 치조음으로 발음되며 'ㄷ'구개음화가 잘 실현되지 않기 때문에 중부 방언의 부사 '같이'가 이 지역어에서 주로 '가티, 거티'로 나타나고 가끔씩 '가치'로 발음되기도 한다. 그러나 격 조사 '-같이'는 늘 '-거티'로 실현된다.

형은 /-까지/이다.[120] (47ㄷ)에서는 '아이(兒)', '딸(女)', '한국(韓國)' 뒤에
결합된 조사가 '-콰'임이 확인되고 기저형은 /-콰/이다.[121]

후음으로 시작되는 조사의 예들을 제시하면 다음과 같다.

> (48). ㄱ. /-하구/: 버버리하구, 따라구, 바바구
> ㄴ. /-한데/: 버리한데, 망낭따란데, 아드란데

(48ㄱ)은 '버버리(蠅)', '딸(女)', '밥(飯)' 뒤에 공동격 조사가 결합된 것
이고 조사의 교체형이 '-하구, -아구'로 나타난다. (48ㄴ)은 '버리(蜂)',
'망낭딸(季女)', '아들' 뒤에 여격 조사가 붙은 것이고 이때 조사의 교체형
이 '-한데, -안데'로 나타난다. 안악 지역어에서는 '장애음-ㅎ' 연쇄에서
유기음화 대신에 'ㅎ'탈락 현상이 일어나므로 (48)에서 출현된 조사들의
기저형은 각각 /-하구/, /-한데/이다.

위에서 관찰한 단수 기저형을 가진 조사들을 다시 정리하면 다음과

---

120 안악 지역어에서 '-까지'와 같은 기능을 하는 조사들이 확인되는데 그 예들은 다음과 같다.
     ㄱ. /-까장/: 이때까장(이때까지), 팔씨벼슬쌀까장(팔십 여섯 살까지), 시각까장(시각까지)
     ㄴ. /-꺼정/: 거름새꺼장(걸음새까지), 아들꺼장(아들까지), 집꺼장(집까지)
     위에서는 조사 '-까지'와 같은 기능을 하는 '-까장', '-꺼장'이 추출된다. 이에 따라 안악
     지역어에서 조사 '-까지~-까장~-꺼장'은 쌍형어로 존재한다고 말할 수 있다.
121 이 외에 다음과 같은 곡용형도 확인된다.
     ㄱ. /-카/: 우리카(우리와), 손네딸카(손녀딸과), 사람카(사람과)
     위의 곡용형으로부터 조사 '-콰'와 같은 기능을 하는 '-카'가 확인된다. 이러한 '-카'는
     '-콰'가 'w'탈락을 거쳐 형성된 것으로 추정되며 현재 안악 지역어에서 조사 '-콰~-카'가
     쌍형어로 존재한다. 한편, 황해도 방언의 공동격 조사에 대하여 한영순(1967:242)에서는
     오직 '-과'만 있다고 하면서 그 예로는 '누나콰', '배:채카'를 들었다. 곽충구(2001:412-
     413)에서는 선행하는 명사의 말음과 관계없이 공동격 조사 '-꽈', '-콰'(혹은 '-카')가 쓰인
     다고 한다. 또한, 황대화(2007:163-164)에서는 자음으로 시작된 '-까', '-콰', '-카', '-캉'
     등이 쓰인다고 하며 이를 동북 방언, 동남 방언, 강원도 일부 방언과 공통적인 현상으로
     보았다.

같다.

(49) 자음으로 시작되는 조사[122]
　　　‘ㅂ’계: -보구, -보다.
　　　‘ㅁ’계: -마다, -만.
　　　‘ㄷ’계: -대루, -두.
　　　‘ㅊ’계: -처럼.
　　　‘ㄱ’계: -거티.
　　　‘ㄲ’계: -까지
　　　‘ㅋ’계: -콰.
　　　‘ㅎ’계: -하구, -한데.

② 모음으로 시작되는 조사

여기서 논의하는 모음으로 시작되는 조사는 ‘으’계, ‘에’계, ‘이’계 등이다.[123] 우선 ‘으’계 조사의 예들을 보면 다음과 같다.

(50) /-으루/: 강애루, 니불루, 음너그루, 지부루

(50)은 체언 어간 ‘강애(鉸)’,[124] ‘니불(衾)’, ‘음럭(陰曆)’, ‘집(家)’ 뒤에 격

122　이 책에서는 자음으로 시작되는 조사를 ‘ㅂ’계 조사, ‘ㅁ’계 조사 등처럼 조사의 첫음절의 초성에 따라 ‘C’계 조사라고 칭한다.

123　이 책에서는 모음 ‘으’, ‘에’, ‘이’로 시작되는 조사를 각각 ‘으’계, ‘에’계, ‘이’계 조사라고 부른다.

124　小倉進平(1944ㄱ:225-226), 河野六郞(1945/2009:49-54), 김병제(1980:316-317)에 따르면 명사 ‘가위(鉸)’가 한반도 전역에서 각각 13개, 17개, 20개의 방언형이 있다. 황해도 방언에서는 ‘가위[kawi](연안·해주·강령·옹진·태탄·은율·안악·재령·서흥·황주·수안·곡산·신계·토산·금천)’, ‘가웨(몽금포·송화·은율·안악·신천·재령·서흥·황주·수안)’, ‘가우(연안·수안·곡산)’(이상은 河野六郞 1945 /2009:292-293에서 나온 것), ‘가새(용연·곡산·신계)’, ‘가왜(연탄)’(이상은 김병제 1980:316-317에서 나온 것)’, ‘가시(연탄·서흥)’, ‘가세(사리원·황주·은파·신계·평산)’, ‘가쇠(황남)’, ‘가이

조사가 통합된 예들이다. 여기서 조사의 교체형이 '-루, -으루, -우루'로 나타는데 기저형을 /-으루/로 설정하면, '-루'의 실현을 모음 및 'ㄹ' 뒤의 '으'탈락으로 설명하고, '-우루'는 원순모음화에 의한 것으로 설명할 수 있다.

다음은 '에'계 조사가 출현하는 예들이다.

(51) ㄱ. /-에/: 강까에, 모레, 한구게, 지베
ㄴ. /-에다가/: 돌구에다가, 무레다가, 오세다가, 바베다가
ㄷ. /-에다/: 돌구에다, 무레다, 채게다, 지베다
ㄹ. /-에서/: 국까에서, 하누레서, 한구게서, 지베서

(52) /-에/: 이모에, 컨따레, 한구게, 지베

(51)은 체언 어간 뒤에 처격 조사들이 결합된 예들이고 (52)는 어간 뒤에 속격 조사가 붙은 것이다. (51ㄱ)에서는 '강가(江邊)', '몰(村)', '한국(韓國)', '집(家)' 뒤에 결합된 조사의 표면형이 '-에'로만 나타난 것이 확인되므로 이 조사의 기저형은 /-에/이다. 마찬가지로 (51ㄴ)에서 '돌구(臼)', '물(水)', '옷(服)', '밥(飯)' 뒤에, (51ㄷ)에서 '돌구(臼)', '물', '책(書)', '집' 뒤에, (51ㄹ)에서 '국가(國家), 하눌(天), 한국, 집' 뒤에 결합된 처격 조사의 기저형은 각각 /-에다가/, /-에다/, /-에서/이다.[125] (52)에서는 '이모(姨

(황주·연탄·곡산·사리원·송림)', '가애(연탄·평산)', '가예(황주)' 등 11개 방언형이 있지만 '강애'는 주로 평안도 지역에서 출현된 방언형이다. 안악 지역어에서 '강애'가 나타나 것은 인접해 있는 평안남도 방언의 영향을 받았을 가능성이 크다.

125 한편, 처격 조사 '-에', '-에다가', '-에다', '-에서'와 같은 기능으로 사용되는 조사들이 존재한다.
ㄱ. /-이/: 오므리(우물에), 발뛰추기(발뒤축에), 지비(집에)
ㄴ. /-이다가/: 쏘래이다가(대야에다가), 구서기다가(구석에다가), 지비다가(집에다가)

母)', '컨딸(큰딸)', '한국', '집' 뒤에 결합된 속격 조사가 늘 '-에'로 실현되므로 그 기저형은 /-에/이다.[126]

이어서 '이'계 조사가 나타나는 예들을 살펴본다.

(53) ㄱ. /-이랑/: 나랑, 달가리랑, 채기랑
    ㄴ. /-이나/: 아무거나, 나하리나, 두씨기나

(53ㄱ)에서는 '나(我)', '달갈(鷄卵)', '책(書)' 뒤에 결합된 공동격 조사의 교체형이 '-랑, -이랑'으로 나타난다. 이때 조사의 기저형을 /-이랑/으로 설정하면 '-랑'의 실현은 모음으로 끝나는 어간 앞에 '-이랑'의 '이'가 탈락되는 현상으로 설명할 수 있다. (53ㄴ)에서는 '아무거', '나할(三日)', '두씩(둘씩)' 뒤에 통합된 보조사의 교체형이 '-나, -이나'로 실현되고 그 기

ㄷ. /-이다/: 자루이다(자루에다), 모기다(목에다), 앞이다(앞에다)
ㄹ. /-이서/: 하느리서(하늘에서), 집꾸서기서(집구석에서), 지비서(집에서)
이상의 곡용형으로부터 안악 지역어에서는 처격 조사 '-에'~'-이', '-에다가~-이다가', '-에다~-이다', '-에서~-이서'처럼 쌍형어로 존재한다. 한편, 황대화(2007:169-173)에서는 황해도 방언에서 처격 조사 '-에'가 일반적으로 잘 쓰이지만 명사 '집(家)' 뒤에서는 보통 '-이'로 나타나고 '-에다가', '-에다' 등이 '-이다가', '-이다'로, '-에서'가 '-이서', '-서' 등으로도 실현된다고 한다. 김현(2017:36-38)에서는 충남 지역에서 '-에'류 처격 조사가 변자음 또는 중자음으로 끝나는 체언 뒤에서 대부분 '-이'로 실현되고 이러한 '-이'는 특이 처격 조사 '-의'에서 기원했을 것으로 보았다.

126 이 외에 속격 조사 '-의'와 같은 기능을 하는 조사도 발견된다.
ㄱ. /-이/: 노미(남의), 지비(집의)
위의 곡용형으로부터 안악 지역어에서 속격 조사가 쌍형어 '-의~-이'로 존재하는 것을 확인할 수 있다. 이 외에, 폐음절로 끝나는 사람 이름 뒤에 나타나는 '-이'도 있다.
ㄴ. 홍이리 거 삼춘.(홍일의 그 삼촌.)
ㄷ. 우리 옴마하구 복씨리 할매하구 팔춘 형제가 육춘 형제가?
   (우리 엄마하고 복실의 할머니하고 팔촌 형제인가 육촌 형제인가?)
문맥상 (ㄴ)-(ㄷ)에서의 '-이'는 속격 조사 '-의'의 기능을 하는 것이 확실한데 이러한 '-이'의 출현 환경 및 기원에 대하여 추후 재고할 필요가 있다.

저형은 /-이나/로 설정한다.

안악 지역어에서 모음으로 시작되는 조사를 정리하면 다음과 같다.

> (54) 모음으로 시작되는 조사
> '으'계: -으루.
> '에'계: -에(처격 조사), -에다, -에다가, -에서; -에(속격 조사).
> '이'계: -이랑, -이나.

3.2.1.2. 복수 기저형

여기서는 체언 어간 뒤에 결합되며 하나의 기저형으로 묶을 수 없는 조사들을 살펴본다. 체언 어간 뒤에 조사가 붙는 예들은 다음과 같다.

> (55) ㄱ. /-{이-가}/: 이보기, 지비, 색까리, 야가
> ㄴ. /-{∅-ㄹ}을/: 채글, 지블~지불, 푸를, 채수를
> ㄷ. /-{∅-ㄴ}은/: 채근, 지븐~지분, 푸른, 이모는
> ㄹ. /-{아-야}/: 소여나, 복씨라, 지혜야, 아모개야

(55ㄱ)에 제시된 곡용형은 '이복(衣服)', '집(家)', '색깔(色)', '야(애)' 뒤에 주격 조사가 결합된 것이다. 여기서 보듯이 주격 조사의 교체형이 폐음절 어간 뒤에 '-이'로, 개음절 어간 뒤에 '-가'로 나타난다. 이때 주격 조사를 단수 기저형으로 설정하면 교체형들의 출현을 공시적인 음운 규칙으로 설명할 수 없으므로 복수 기저형 /-{이-가}/로 설정한다.[127] (55ㄴ)

---

127 개음절 체언 어간 뒤에 '-이' 이외의 주격 조사가 결합된 예들이 발견된다.
　　ㄱ. 색까리가(색깔이), 시집싸리가(시집살이), 영보기가(人名, 영복이), 농이가(농이)
　　(ㄱ)에서 보듯이 개음절 어간 뒤에 결합된 주격 조사 '-이가'가 추출된다. 이에 따르면 안악 지역어에서 개음절 어간 뒤에 결합되는 주격 조사가 쌍형어 '-이~-이가'로 존재한다

에서는 목적격 조사의 교체형이 폐음절 어간 '책(書)', '집(家)', '풀(草)' 뒤에 '-을, -울'로, 개음절 어간 '채수(菜蔬)' 뒤에 '-를'로 나타나는 것이 확인된다.[128] 이 중 '-울'의 실현은 '집-을'의 결합에 원순모음화의 수의적인 적용으로 이루어진 것으로 설명할 수 있다. 그러므로 목적격 조사의 기저형은 /-{ø-ㄹ}을/로 설정한다. 마찬가지로 (55ㄷ)의 곡용형은 '책(書), 집(家), 풀(草), 이모(姨母)' 뒤에 보조사가 결합된 것이고 이로부터 보조사의 기저형을 /-{ø-ㄴ}은/으로 설정한다.[129] (55ㄹ)은 폐음절 체언 '소연(人名)', '복실(人名)', 개음절 체언 '지혜(人名, 지혜)', '아모개(某)' 뒤에 호격 조사가 결합된 것이다. 여기서 보듯이 호격 조사의 교체형이 '-아',

---

고 볼 수 있다.

이 외에, 안악 지역어에서는 인칭 대명사 '누구' 뒤에 주격 조사가 결합될 때 여러 가지로 실현되는 예들이 발견된다.

ㄴ. 도둥놈 오는 거 거트문 또 <u>누구가</u> 좀 때리는 사람 나가서 때레.
　　(도둑놈 오는 거 같으면 또 누가 좀 때리는 사람 나가서 때려.)
ㄷ. <u>누가</u> 안타깝께 대주니?
　　(누가 안타깝게 대주니?)
ㄹ. 내 마믈 <u>누구래</u> 아라주리?
　　(내 맘을 누가 알아주리?)

(ㄴ-ㄹ)에서는 '누구' 뒤에 주격 조사 '-가'가 결합되어 '누구가' 또는 그 축약형 '누가'로 실현되는 것을 알 수 있다. (ㄹ)에서는 '누구' 뒤에 주격 조사 '-래'가 사용되는 것이 확인된다. 한편, 한영순(1967:241), 곽충구(2001:412-413), 이기갑(2003:34-35) 등에 따르면 황해도의 일부 지역에서 '누구'와 같은 대명사 뒤에 주격 조사 '-래' 대신에 '-라'가 쓰인다. 그러나 황대화(2007:156-158), 장승익(2018:44-45)에서는 황해도 방언에서 '-래', '-라'가 모두 사용된다고 한다.

128 개음절 어간 뒤에 '-를' 이 외에 '-ㄹ'이 결합된 경우도 있다. '날~나를, 널~너를'에서와 같이 개음절 1음절 인칭 대명사 '나, 너' 뒤에 목적격 조사의 교체형으로 '-ㄹ~-를'이 추출된다. 이 책에서는 이러한 '날~나를'의 실현이 문체적인 차이에 의한 것으로 보고 조사의 기저형 설정에 반영하지 않기로 한다.

129 곡용형 '난~나는, 넌~너는, 이건~이거는, 우린~우리는, 이몬~이모는' 등으로부터 개음절 체언 어간 뒤에 보조사의 교체형으로 '-ㄴ~-는'이 확인되지만 이는 또한 문체적인 차이로 인한 것으로 보기로 한다.

'-야'로 나타나므로 기저형을 /-아/로 설정할 수 있다.[130]

이상에서 살펴본 바와 같이 안악 지역어에서 복수 기저형을 가진 조사는 다음과 같다.

> (56) 복수 기저형을 가진 조사
> 　　주격 조사: /-{이-가}/.[131]
> 　　목적격 조사: /-{ø-ㄹ}을/.[132]
> 　　보조사: /-{ø-ㄴ}은/.[133]
> 　　호격 조사: /-{아-야}/.[134]

3.2.2. 어미의 기저형

여기서는 주로 안악 지역어에서 널리 쓰이는 종결 어미, 연결 어미, 선어말 어미, 전성 어미를 살펴본다. 조사처럼 어미도 단수 기저형을 가진 부류 및 복수 기저형을 가진 부류로 나눠서 논의한다.

130　한편, 최명옥(2008:158)에서는 '-야'의 출현을 모음으로 끝나는 어간과 모음으로 시작되는 조사가 통합할 때 모음충돌을 회피하기 위해 활음 'j'가 첨가된 결과로 보고 호격 조사의 기저형을 /-아/로 설정한 바가 있다.

131　복수 기저형 /-{아-가}/의 경우, '-이'는 자음으로 끝나는 체언 어간 뒤에 결합되고 '-가'는 모음으로 끝나는 체언 어간 뒤에 결합된다. 이 외에 자음으로 끝나는 체언 어간 뒤에 결합되는 주격 조사는 쌍형어 '-이~-이가'로 존재한다.

132　복수 기저형 /-{ø-ㄹ}을/의 경우, '-을'은 자음으로 끝나는 체언 어간 뒤에 결합되고, '-를'은 모음으로 끝나는 체언 어간 뒤에 결합된다.

133　복수 기저형 /-{ø-ㄴ}은/의 경우, '-은'은 자음으로 끝나는 체언 어간 뒤에 결합되고, '-는'은 모음으로 끝나는 체언 어간 뒤에 결합된다.

134　복수 기저형 /-{아-야}/의 경우, '-아'는 자음으로 끝나는 체언 어간 뒤에 결합되고, '-야'는 모음으로 끝나는 체언 어간 뒤에 결합된다.

3.2.2.1. 단수 기저형

어미를 자음으로 시작되는 어미와 모음으로 시작되는 어미로 나눠서
논의한다.

① 자음으로 시작되는 어미

자음의 조음 위치에 따라 양순음, 치조음, 연구개음, 후음으로 시작되
는 어미를 나눠서 논의하는데 양순음, 후음으로 시작되는 어미가 확인되
지 않으므로 치조음으로 시작되는 어미부터 관찰한다.

우선 치조음 'ㄴ'으로 시작되는 어미가 출현하는 예들을 살펴본다.

> (57) ㄱ. /-누라구/: 쓰누라구, 노누라구, 멍누라구, 갚누라구
> ㄴ. /-네/: 가네, 아네, 멍네, 많~
> ㄷ. /-나/: 가나?, 아~ ㄴ다?, 존나?
> ㄹ. /-니/: ~~ 아니?, 멍니?, 존니?

(57ㄱ)에 ~시된 활용형은 동사 어간 '쓰-(用), 놀-(遊), 먹-(食), 갚-
(報) ~~ 연결 어미가 결합된 것이다. 여기서 보듯이 이 연결 어미는
늘 ~라구'로 실현되므로 기저형은 /-누라구/이다. (57ㄴ)에서는 용언
~간 '가-(去), 알-(知), 먹-(食), 많-(多)' 및 '(솥, 鼎)이다' 어간 뒤에 결
합되는 감탄문이나 평서문에 두루 쓰이는 종결 어미가 늘 '-네'로 실현
되므로 그 기저형은 /-네/이다. (57ㄷ)은 어간 '가-(去), 알-(知), 잇-(有),
좋-(好)' 뒤에 의문형 종결 어미가 결합된 것이고 어미의 기저형은 /-나
/이다.[135] (57ㄹ)은 '자-(宿), 알-(知), 먹-(食), 좋-(好)' 뒤에 의문형 종결

---

135 황대화(2007:248)에서는 황해도 방언에서 '-나?'는 일반적으로 아랫사람에게 물음을 제
기할 때에 잘 쓰이지만 친숙한 동년배간에도 자연스레 쓰인다.

어미가 결합된 것이고 어미의 기저형은 /-니/이다.[136]

치조음 'ㄷ'으로 시작되는 어미를 분석한다.

> (58) ㄱ. /-드라/: 가드라, 알드라, 먹뜨라, 조트라, 산꼬리드라
> ㄴ. /-든/: 가등 거, 살든 집, 먹뜽 거, 노틍 거
> ㄷ. /-댓-/: 가대서, 알대서, 먹때서, 조태서, 동가비대서

(58ㄱ)은 용언 어간 '가(去), 알-(知), 먹-(食), 좋-(好)' 및 '(산골, 山谷)이다' 어간 뒤에 연결 어미가 결합된 예들이다. 여기서 보듯이 어미의 교체형이 '-드라, -뜨라, -트라'로 나타나는데 이 지역어의 공시적인 음운 현상을 감안하면 어미의 기저형은 /-드라/이다. (58ㄴ)은 동사 어간 '가(去), 살-(活), 먹-(食), 놓-(放)' 뒤에 관형형 어미가 결합된 것이고 이때 어미의 교체형이 '-등, -뜽, -든, -틍'이 나타난다. 어미의 기저형을 /-든/으로 설정하면, '-등'의 출현은 '가든 거'에서의 'ㄴ-ㄱ' 연쇄에 연구개음화가 일어난 결과이고, '-뜽, -틍'도 공시적인 음운 현상에 의해 설명할 수 있다. (58ㄷ)은 용언 어간 '가(去), 알-(知), 먹-(食), 좋-(好)' 및 '(동갑, 同甲)이다' 어간 뒤에 선어말 어미가 결합된 것이다. 이들 활용형으로부터 과거 시제를 나타내는 이 선어말 어미의 교체형이 '-댓-, -땟-, -탯-'으로 나타나는데 기저형은 /-댓-/으로 설정한다.[137]

---

136 유필재(2018:94)에 따르면 현대 한국어에서 의문형 종결 어미 '-니~-으니'는 일반적으로 '-니'로 나타나지만 자음으로 끝나는 형용사 어간 뒤에서는 '-으니'도 가능하다. 즉 자음으로 끝나는 형용사 어간 뒤에서만 '-니'와 '-으니'가 공존 형태로 존재한다는 것이다. 이와 달리 안악 지역어에서 '-니?'는 늘 하나의 형태로 나타난다. 小倉進平(1944ㄴ/2009: 380)에서는 황해도 방언에서 사용되는 '-니?'는 원래 서울말에서 들어온 것이라고 하였다. 황대화(2007:249)에서는 '-니'는 황해도 방언에서 아주 널리 쓰이는 의문형 종결 어미라고 한다.

137 한영순(1967:242), 고현철(1992:42-43), 황대화(2007:279-280) 등에 따르면 '-댓'은

다음으로 치조음 'ㅈ'으로 시작되는 어미를 관찰한다.

(59) ㄱ. /-지/: 가지, 알지, 먹찌, 조치, 지비지
ㄴ. /-자/: 가자, 놀자, 먹짜, 노차

(59ㄱ)의 활용형은 용언 어간 '가-(去), 알-(知), 먹-(食), 좋-(好)' 및 '(집, 家)이다' 어간 뒤에 평서나 의문 등 문장에 두루 쓰이는 종결 어미가 결합된 것이다. 어미의 교체형이 '-지, -찌, -치'로 나타나지만 기저형은 /-지/로 설정한다. (59ㄴ)에서는 동사 어간 '가-(去), 놀-(遊), 먹-(食), 놓-(放)' 뒤에 결합된 청유형 종결 어미의 교체형이 '-자, -짜, -차'로 나타난다. 이 지역어의 공시적 음운 현상을 고려하면 이 어미의 기저형은 /-자/이다.

이어서 연구개음 'ㄱ'으로 시작되는 어미와 용언 어간의 활용형을 살펴본다.

(60) ㄱ. /-구/: 가구, 살구, 먹꾸, 조쿠, 따리구
ㄴ. /-갓-/: 가가서, 살가서, 먹까서, 조카서
ㄷ. /-간/: 꾸간?, 살간?, 먹깐?, 조칸?
ㄹ. /-게/: 가게, 살게, 먹께, 조케
ㅁ. /-기/: 가기, 살기, 먹끼, 조키

체언 어간 뒤에 쓰여 과거 시제 또는 과거 완료를 나타내며 과거 시제 어미 '-었-'에 상당된다. 이기갑(2003:483-485)에서는 '-댓-'이 과거 시제뿐만 아니라 과거 진행의 의미도 가진다고 한다. 장승익(2018:46-47)에서는 은율, 송화 지역 출신 노년층 화자의 발화에서 '-댓'은 체언 이외에도 동사나 형용사 어간과 결합된 경우도 있다고 한다. 이 책의 조사에 의하여 '-댓'은 안악 지역어에서 용언 어간, '이다' 어간 등 뒤에 널리 사용된다. 한편, 평북 방언을 대상으로 한 金履浹(1981:167, 169)에서는 '-댓다'를 '-더랫다'의 준말로 보고, 鄭仁浩(2016:273-276)에서는 '-댓-'을 '-더라 햇-'으로부터 기원한 것으로 추정하고 화자의 객관적인 회상 및 과거 지속의 문법적 의미를 가진다고 보았다.

(60ㄱ)은 용언 어간 '가-(去), 살-(活), 먹-(食), 좋-(好)' 및 '(딸, 女)이
다) 뒤에 연결 어미가 결합된 것이고 여기서 보듯이 어미의 교체형이 '-구,
-꾸, -쿠'로 나타난다. 어미의 기저형을 '-구'로 설정하면 나머지 교체형
들의 출현을 경음화, 유기음화 등 공시적 음운 현상으로 설명할 수 있으
므로 이 연결 어미의 기저형은 /-구/이다. (60ㄴ)의 활용형은 '가-(去),
살-(活), 먹-(食), 좋-(好)' 뒤에 미래 시제나 추측의 의미를 나타내는 선
어말 어미가 결합된 것이다. 여기서 확인하듯이 어미의 교체형이 '-갓-,
-깟-, -캇-'으로 나타나고 기저형은 /-갓-/이다.[138] (60ㄷ)은 '꾸-(貸), 살
-(活), 먹-(食), 좋-(好)' 뒤에 의문형 종결 어미가 결합된 것이고 여기서
어미의 교체형이 '-간, -깐, -칸'이 추출되고 기저형은 /-간/이다.[139] (60
ㄹ) 및 (60ㅁ)은 각각 '가-(去), 살-(活), 먹-(食), 좋-(好)' 뒤 부사형 어
미, 명사형 어미가 결합된 것이 이들 어미의 기저형은 각각 /-게/, /-기
/이다.

위에서 살펴본 어미들을 정리하면 다음과 같다.

(61) 자음으로 시작되는 어미[140]
　　'ㄴ'계: -누라구, -네, -나?, -니?.

---

[138] 곽충구(2001:412), 황대화(2007:287), 장승익(2018:46) 등에 따르면 미래 시제나 추측,
의도를 나타내는 '-겠-'은 황해도 방언에서 일반적으로 '-갓-'으로 나타난다.

[139] 小倉進平(1944ㄴ:389/2009:378-379)에 의하면 '-간?'은 의문형 종결 어미로 쓰일 때
동년배 또는 손아랫사람에게 '내가 무엇을 하고 있을까?'와 같이 말할 때의 '-까'에 해당되
며 동사 어간에 붙여, 주로 평안도 및 황해도 황주, 옹진에서 쓰인다. 한편, 金英培(1979:
272-273), 고현철(1992:43), 오종갑(2003:497), 황대화(2007:149-150) 등에서는 어미
'-간?'은 '-갓'과 의문형 종결 어미 '-니?'의 결합형으로 비음화, '니' 탈락을 거쳐(-갓나>
간나>-간) 미래의 시간적 의미를 표현하는 종결 어미로 쓰인다고 한다.

[140] 이 책에서는 자음으로 시작되는 어미를 'ㅂ'계 어미, 'ㅁ'계 어미 등처럼 어미 첫음절의 초성
에 따라 'C'계 어미라고 칭한다.

‘ㄷ’계: -드라, -댓-, -든.
‘ㅈ’계: -지,[141] -자.
‘ㄱ’계: -구, -간?, -갓-, -게, -기.

② 모음으로 시작되는 어미

여기서 논의하는 모음으로 시작되는 어미는 모음 ‘으’로 시작되는 ‘으’ 계 어미, 모음 ‘아’ 또는 ‘어’로 시작되는 ‘아/어’계 어미이다. 우선 ‘으’ 계 어미가 출현하는 예들을 보면 다음과 같다.

(62) ㄱ. /-으문/: 가문, 알문, 머그문, 마느문, 구미문
ㄴ. /-으니까/: 가니까, 아니까, 머그니까, 마느니까, 친처기니까
ㄷ. /-으레/: 보레, 놀레, 머그레

(62ㄱ)은 ‘가(去), 알-(知), 먹-(食), 많-(多)’ 및 ‘(굼, 金)이다’ 어간 뒤에 연결 어미가 결합된 것이다. 여기서 보듯이 어미의 교체형이 ‘-문, -으 문’으로 나타난다. 이때 어미의 기저형을 /-으문/으로 설정하면 ‘가문’ 및 ‘알문’의 실현은 모음으로 끝나는 어간 뒤에서 어미 초의 ‘으’탈락 및 ‘ㄹ’ 말음 어간 뒤에서 어미 초의 ‘으’탈락으로 설명할 수 있다. (62ㄴ)에 서는 ’가(去), 알-(知), 먹-(食), 많-(多)’ 및 ‘(친척, 親戚)이다’ 어간 뒤에 서 원인이나 근거의 의미를 나타내는 연결 어미의 교체형 ‘-니까, -으니 까’가 확인된다. 이 어미의 기저형을 /-으니까/로 설정하면 ‘가니까’ 및 ‘아니까’를 각각 ‘으’탈락 및 ‘으’탈락, 유음 탈락으로 설명할 수 있다.[142]

---

141 한편, 안악 지역어에서 ‘가, 먹, 좋’ 및 ‘(집)이다’ 어간 뒤에 어미가 통합된 활용형인 ‘가디, 먹띠, 조티, 지비다’ 등으로부터 /-지/와 같은 기능을 하는 어미 ‘-디’가 추출된다. 즉 안악 지역어에서 ‘ㄷ’구개음화의 수의적인 적용으로 종결 어미 ‘-지’와 ‘-디’는 쌍형어로 존재한다.

142 안악 지역어에서 ‘가, 알-, 먹, 많-’ 및 ‘(딸)이다’ 어간 뒤에 어미가 결합된 활용형 ‘가니

(62ㄷ)은 동사 어간 '보-(見), 놀-(遊), 먹-(食)' 뒤에 동작의 목적을 나타내는 연결 어미가 결합된 것이다. 여기서 어미의 교체형이 '-레, -으러'로 추출되고 기저형을 /-으레/로 설정하면 '보레' 및 '놀레'의 실현은 모음 및 'ㄹ'말음 어간 뒤에서 어미 초의 '으'탈락으로 설명할 수 있다.

모음 '아' 또는 '어'로 시작되는 어미들을 잠정적으로 '아/어'계 어미라고 칭한다. 먼저 다음과 같은 예들을 살펴봄으로써 어미 '-아/어'의 기저형을 설정한다.

(63) /-어/: 자바, 쪼바, 매자, 주거, 머러, 이서, 느러

(63)은 자음으로 끝나는 1음절 용언 어간 '잡-(執), 좁-(陜), 맺-(結), 죽-(死), 멀-(遠), 잇-(有), 늘-(增)' 뒤에 연결 어미나 종결 어미로 두루 쓰이는 '-아/-어'가 결합된 것이다. 여기서 어미 '-아'는 모음 'ㅏ, ㅗ, ㅐ'를 가진 1음절 폐음절 어간 뒤에 결합되고, '-어'는 모음 'ㅜ, ㅓ, ㅣ, ㅡ'를 가진 1음절 폐음절 어간 뒤에 결합되는 것이 확인된다. 최명옥(2008: 54)에서는 자음으로 끝나는 어간 뒤에서 실현되는 '-아Y', '-어Y' 어미의 기저형을 설정할 때는 어간 /X(C)VC-/에서 V를 모음 목록의 모든 모음으로 대체할 때에 그 뒤에서 실현되는 '아'나 '어'의 빈도수가 많은 쪽을 기저형으로 설정한다는 방안을 제시한 바가 있다. 이에 따르면 (63)에서 보듯이 어간 모음에 따라 7개 단모음 중에 'ㅜ, ㅓ, ㅣ, ㅡ' 등 4개 단모음을 가진 폐음절 어간 뒤에 어미 '-어'가 결합되고, 'ㅏ, ㅗ, ㅐ' 등

께, 아니께, 머그니께, 마느니께, 따리니께'가 있고 이러헌 활용형으로부터 '-으니까'와 같은 기능을 하는 연결 어미 '-으니께'가 추출된다. 그러므로 안악 지역어에서 원인이나 근거를 나타내는 연결 어미가 쌍형어 '-으니까~-으니께'로 존재한다.

3개 단모음을 가진 폐음절 어간 뒤에 어미 '-아'가 결합되므로,[143] 어미
의 출현 빈도수가 더 많은 /-어/를 잠정 기저형으로 설정할 수 있겠다.
한편, 어미 '-아/어'를 단수 기저형 /-어/로 설정해도 어미 '-아'의 실현
은 새로운 음운 규칙으로 설명해야 하는데 이에 대해 이 책에서는 형태
소 경계의 모음조화 현상으로 기술할 것이다.[144]

이어서 '아/어'계 어미가 출현하는 예들을 관찰한다.

> (64) ㄱ. /-어두/: 자바두, 사라두, 노가두, 주거두, 머러두, 이서두
> ㄴ. /-어서/: 자바서, 사라서, 노가서, 주거서, 머러서, 이서서
> ㄷ. /-어라/: 자바라, 사라라, 우서라, 머거라, 이서라
> ㄹ. /-엇-/: 자바서, 사라서, 뽀바서, 주거서, 버러서, 이서서
> ㅁ. /-엇댓-/: 나맏땓띠, 사랃때서, 주걷땓뜨라, 너먿땓띠
> ㅂ. /-언/: 자반 데, 사란 거, 뽀반 거, 도단 거, 조완 거, 버런 돈

(64ㄱ)은 '잡-(執), 살-(活), 녹-(融), 죽-(死), 멀-(遠), 잇-(有)' 뒤에 가
정이나 양보의 의미를 나타내는 연결 어미 '-아두/-어두'가 결합된 것이
다. 이때 어미의 기저형을 /-어두/로 설정하고 '-아두'의 실현은 형태소
경계에서의 모음조화로 설명한다. 마찬가지로 (64ㄴ)의 활용형으로부터
시간적 선후 관계나 원인, 수단 등을 나타내는 연결 어미 '-아서/-어서'
의 기저형을 /-어서/로 설정한다. (64ㄷ)에서는 '잡-(執), 살-(活)' 및 '웃
-(笑), 먹-(食), 잇-(有)' 뒤에 결합되는 명령형 종결 어미의 교체형이 '-아
라, -어라'로 나타나는 것이 확인되고 어미의 기저형은 /-어라/로 설정

---

143 앞에서 이미 언급했듯이 안악 지역어에서 모음 'ㅔ, ㅚ'를 가진 폐음절 용언 어간이 확인되
지 않았다.
144 어간 모음 등에 따른 어미의 교체 혹은 선택 규칙에 대하여 제4장 4.1.6 모음조화에서
자세히 논의한다.

한다.[145] (64ㄹ)의 활용형은 '잡-(執), 살-(活), 뽑-(拔), 죽-(死), 벌-(贏), 잇-(有)' 뒤에 과거 시제 어미가 결합된 것이다. 이러한 활용형들로부터 어미 '-앗-/-엇-'이 추출되고 어미의 기저형은 /-엇-/으로 설정한다.[146] (64ㅁ)은 '남-(餘), 살-(活), 죽-(死), 넘-(越)' 뒤에 과거 시제 선어말 어미가 결합된 것이다. 여기서 어미의 교체형이 '-앋땓-, -앋땓-, -얻땓-'으로 나타나지만 이 어미는 실제로 '-앗-'과 '-댓-', '-엇-'과 '-댓-'의 결합형이므로 그 기저형은 /-엇댓-/으로 설정한다.[147] (64ㅂ)은 '잡-(執), 살-(活), 뽑-(拔), 돋-(發芽), 좋-(好), 벌-(贏)' 뒤에 관형형 어미가 결합된 것이고 여기서 어미의 교체형이 '-안, -언'으로 나타나는 것이 확인된다. 이상과 같이 이 관형형 어미의 기저형을 /-언/으로 설정한다.[148] 이상으로 안악 지역어에서 확인되는 '아/어'계 어미의 기저형을 /-어Y/로 설

---

145 한편, 어간 '받-, 먹-, 살-, 잇-, 메기-' 뒤에 명령형 종결 어미가 결합된 활용형 '바드라, 머그라, 살라, 이스라, 메기라' 등이 있는데 이로부터 어미 '-으라, -라'가 추출된다. 이때 어미의 기저형을 /-으라/로 설정하면, 모음 및 'ㄹ'로 끝나는 어간 뒤에 어미 초의 '으'탈락으로 '메기라' 및 '살라'를 설명할 수 있다. 즉 안악 지역어에서 명령형 종결 어미는 쌍형어 '-어라~-으라'로 존재한다.

146 한영순(1967:242), 곽충구(2001:412), 황대화(2007:279), 장승익(2018:131) 등에서는 중부 방언의 과거 시제 선어말 어미 '-았-/-었-'은 황해도 방언에서 '-앗-/-엇-'으로 실현된다고 한다.

147 황해도 방언에서 존재하는 '-엇댓'에 대하여, 고현철(1992:42)에서 이를 선과거로 보았고, 황대화(2007:284), 장승익(2018:144) 등에서 이를 대과거로 보았다. 특히 고현철(1992:42)에서는 황해도 방언의 과거를 '완료(-앗-)', '지속(-드랫)', '선과거(-앗댓)'로 세분하고 이는 경기도 방언에서 '과거 (-았-)', '선과거(-았었-)' 등 두 가지만이 있는 것과 구별된다고 한다.

148 장승익(2018:167)에 따르면 은율, 송화 지역어에서도 과거 시제를 나타내는 관형형 어미 '-안/-언'의 존재가 확인되고 이는 주로 동사와 결합되고 선행하는 어간의 모음에 따라 어미에서 교체가 일어난다. 한편, 안악 지역어에서는 '작은 그릇, 조은 거, 죽은 거, 닉은 거' 등 예들이 있는데 이러한 예들로부터 어간의 모음과 관계없이 실현되는 관형형 어미 '-은'이 추출된다. 이에 따르면 관형형 어미 /-언/과 /-은/은 쌍형어로 존재한다고 말할 수 있다.

정하면 '-아Y'의 실현은 형태소 경계의 모음조화 규칙으로 설명한다.
모음으로 시작되는 어미를 정리하면 다음과 같다.

> (65) 모음으로 시작되는 어미
> '으'계: -으문, -으니까, -으레.
> '어'계: -어, -어두, -어서, -어라, -엇-,[149] -엇댓-, -언.

3.2.2.2. 복수 기저형

안악 지역어에서는 복수 기저형으로 설정해야 하는 어미들이 존재한
다. 이에 관련 예들을 제시하면 다음과 같다.

> (66) ㄱ. /-{ㄴ-ø}은데/: 가는데, 아는데, 멍는데, 인는데, 신데, 먼데, 자
> 근데, 야긴데
> ㄴ. /-{은-는-ø}다/: 간다, 안다, 멍는다, 잇따, 조타, 시다, 멀다, 작
> 따, 우바기다
> ㄷ. /-{는-은-ø}가/: 캐는가?, 맞는가?, 인는가?, 마는가?, 짠가?, 지
> 비가?
> ㄹ. /-{누나-구나}/: 가누나, 아누나, 멍누나, 읻꾸나, 멀구나, 갇꾸
> 나, 야기구나

(66)의 활용형은 용언 어간 '가-(去), 알-(知), 먹-(食), 잇-(有), 시-
(酸), 멀-(遠), 작-(小)' 및 '(약, 藥)이다' 어간 뒤에서 연결 어미가 결합
된 것이다. 여기서 보듯이 동사 어간 및 '잇-' 뒤에서 '-는데', 모음 및
'ㄹ'로 으로 끝나는 형용사 어간 그리고 '이다' 어간 뒤에서 '-ㄴ데', 자

---

149 과거 시제 선어말 어미 /-엇-/은 앞에서 살펴본 /-댓-/과 쌍형어로 존재한다.

음으로 끝나는 형용사 어간 뒤에 '-은데'가 추출된다. 이 세 가지 교체형
이 하나의 기저형으로 묶일 수 없으므로 이들을 복수 기저형으로 설정
해야 한다. 우선 형용사 및 '이다' 어간 뒤에서 실현되는 '-ㄴ데, -은데'
의 기저형을 /-은데/로 설정한다. 이때 '신데' 및 '먼데'의 실현은 '시-은
데'에서 '으'탈락, '멀-은데'에서 '으'탈락 및 'ㄹ'탈락이 일어나는 것으로
설명할 수 있다. 한편, '알-는데'에서 'ㄹ'탈락이 일어나 '아는데'로 실현
된다. 종합해 보면, (66ㄱ)에서 출현된 연결 어미의 기저형은 /-{ㄴ-ø}은
데/로 설정할 수 있다. (66ㄴ)에 제시된 활용형은 용언 어간 '가-(去),
알-(知), 먹-(食), 잇-(有), 좋-(好), 시-(酸), 멀-(遠), 작-(笑)' 및 '(우박)이
다' 어간 뒤에서 평서형 종결 어미가 결합된 것이다. 여기서 보듯이 어
미의 교체형은 모음 및 'ㄹ'로 끝나는 동사 어간 뒤에서 '-ㄴ다', 자음으
로 끝나는 동사 어간 뒤에서 '-는다', 형용사 및 '이다' 어간 뒤에서 '-다'
로 나타난다. 그러므로 이 종결 어미의 기저형은 /-{은-는-ø}다/로 설정
한다. (66ㄷ)에서는 동사 어간 '캐-(採), 맞-(適)' 및 '잇-(有)' 뒤에서 의
문형 종결 어미 '-는가?'가, 자음으로 끝나는 형용사 어간 '많-(多)' 뒤에
서 '-은가?'가, 모음으로 끝나는 형용사 어간 '짜-(鹹)' 뒤에서 '-ㄴ가?',
'(집, 家)이다' 어간 뒤에서 '-가?'가 추출되고 어미의 기저형은 /-{는-은
-ø}가/이다. (66ㄹ)은 용언 어간 '가-(去), 알-(知), 먹-(食), 잇-(有), 멀-
(遠), 같-(如)' 및 '(약, 藥)이다' 어간 뒤에 감탄형 종결 어미가 결합된
것이다. 여기서 확인하듯이 동사 어간 뒤에 '-누나', 형용사 및 '이다' 어
간 뒤에 '-구나'가 결합된다. 이에 따라 어미의 기저형은 /-{누나-구나}/
이다.

안악 지역어에서 확인되는 복수 기저형을 가진 어미는 다음과 같다.

(67) 복수 기저형을 가진 어미
　　　연결 어미: /-{ㄴ-ø}은데/.[150]
　　　평서형 종결 어미: /-{은-는-ø}다/.[151]
　　　의문형 종결 어미: /-{는-은-ø}가/.[152]
　　　감탄형 종결 어미: /-{누나-구나}/.[153]

150　복수 기저형 /-{ㄴ-ø}은데/의 경우, '-는데'는 동사 어간 및 '잇-(有)' 뒤에 결합되고 '-은
　　　데'는 형용사 및 '이다' 어간 뒤에 결합된다.
151　복수 기저형 /-{은-는-ø}다/의 경우, '-은다'는 모음으로 끝나는 동사 어간 뒤에 결합되고,
　　　'-는다'는 자음으로 끝나는 동사 어간 뒤에 결합되고, '-다'는 형용사 및 '이다' 어간 뒤에
　　　결합된다.
152　복수 기저형 /-{는-은-ø}가/의 경우, '-는가'는 동사 어간 및 '잇-(有)' 뒤에 결합되고 '-은
　　　가'는 형용사 어간 뒤에 결합되고 '-가'는 '이다' 어간 뒤에 결합된다.
153　복수 기저형 /-{누나-구나}/의 경우, '-누나'는 동사 어간 뒤에 결합되고 '-구나'는 형용사
　　　및 '이다' 어간 뒤에 결합된다.

제4장

음운 현상

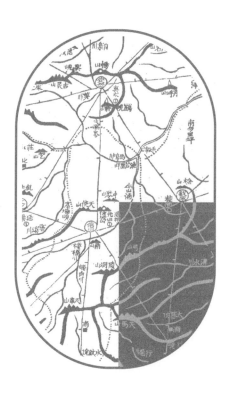

음운 현상

이 장에서는 안악 지역어에서 공시적으로 일어나는 대치, 탈락, 축약, 첨가 등 음운 현상을 논의한다.

4.1. 대치

이 절에서는 평파열음화, 경음화, 비음화, 유음화, 위치 동화 등 자음과 자음 사이에서 일어나는 현상을 살펴본 후에 모음조화, 모음의 완전 순행 동화, 활음화 등 모음과 관련된 현상을 관찰하고 마지막으로 자음, 모음이 모두 관여하는 치조구개음화, 원순모음화 현상을 논의한다.

4.1.1. 평파열음화

평파열음화는 음절 종성에 올 수 없는 장애음이 음절말이나 자음 앞에서 평파열음 'ㅂ, ㄷ, ㄱ' 중 하나로 실현되는 현상이다(이진호 2015:165). 여기서는 형태소 경계에서의 평파열음화 현상만 살펴본다.

(1) ㄱ. 앞(前) + -두 → **압**두 → 압뚜
　　 늪(藪) + -두 → **늡**두 → 늡뚜
　 ㄴ. 끝(末) + -두 → **끋**두 → 끋뚜
　　 맛(味) + -두 → **맏**두 → 맏뚜
　　 젖(乳) + -두 → **젇**두 → 젇뚜
　　 꽃(花) + -두 → **꼳**두 → 꼳뚜

(1)은 곡용에서의 평파열음화를 보여준 예들이다.[1] (1ㄱ)에서는 'ㅍ'으로 끝나는 체언 어간 뒤에 'ㄷ'으로 시작하는 조사가 결합되어 어간 말의 'ㅍ'이 같은 계열의 'ㅂ'으로 바뀐다. (1ㄴ)에서는 어간 말음 'ㅌ, ㅅ, ㅈ, ㅊ'이 'ㄷ'계 조사 앞에 'ㄷ'으로 실현된 것이 확인된다.

다음은 활용에서 일어나는 평파열음화 현상을 관찰한다.

(2) ㄱ. 갚-(報) + -구 → **갑**구 → 갑꾸
　　 높-(高) + -게 → **놉**게 → 놉께
　 ㄴ. 맡-(嗅) + -구 → **맏**구 → 맏꾸
　　 잇-(有) + -지 → **읻**지 → 읻찌
　　 맺-(結) + -구 → **맫**구 → 맫꾸
　　 쫓-(追) + -디 → **쫃**디 → 쫃띠

1　밑줄 치고 굵게 표기한 부분은 여러 음운 과정이 있을 때 해당 절에서 기술할 음운 현상을 보여주기 위함이다.

ㄷ. 깎-(削) + 구 → **깍**구 → 깍꾸
　　딲-(修) + -구 → **딱**구 → 딱꾸
ㄹ. 닿-(觸) + -는다 → **닫**는다 → 단는다
　　좋-(好) + -니? → **졷**니? → 존니?

(2)는 활용에서 확인된 평파열음화의 예들인데 우선 (2ㄱ)에서는 용언 어간말의 'ㅍ'이 'ㄱ'계 어미 앞에서 'ㅂ'으로 실현된 것을 보여준다. (2ㄴ)에서는 'ㅌ, ㅅ, ㅈ, ㅊ'으로 끝나는 용언 어간 뒤에 'ㄱ, ㅈ, ㄷ'계 어미가 결합되어 어간말의 치조음들이 'ㄷ'으로 실현되는 현상이 확인된다. (2ㄷ)은 'ㄲ'으로 끝나는 어간 뒤에 'ㄱ'계 어미가 결합된 것이고 이때 어간말의 'ㄲ'은 'ㄱ'으로 실현된다. (2ㄹ)은 후음으로 끝나는 용언 어간 뒤에 'ㄴ'계 어미가 결합된 것인데 여기서 'ㅎ'이 'ㄷ'으로 바뀐 과정을 확인할 수 있다.[2]

이상에서 논의한 바를 다시 정리하면 'ㅍ', 'ㅌ, ㅅ, ㅈ, ㅊ', 'ㄲ'으로 끝나는 체언이나 용언 어간 뒤에 자음으로 시작되는 조사나 어미가 결합될 때 어간말의 자음이 각각 평파열음 'ㅂ', 'ㄷ', 'ㄱ'으로 실현된다. 또한, 후음 'ㅎ'으로 끝나는 용언 어간 뒤에 'ㄴ'으로 시작되는 어미가 결합될 때 'ㅎ'이 'ㄷ'으로 실현되는 평파열음화 과정이 있다.

---

[2]　이진호(2017:533)에서 지적하였듯이 어간 말음 'ㅎ'이 평파열음화에 의해 'ㄷ'으로 바뀐다는 것은 직접적인 관찰이 불가능하다. 즉, (2ㄹ)의 '닿-(觸)+-는다→단는다, 좋-(好)+-니?→존니?'에서 보이는 양상이 '닫-(閉)+-는다→단는다'의 경우가 동일하므로 'ㅎ'이 'ㄷ'으로 실현되었다고 추측하는 것이다. 한편, '조씁니다'에서와 같이 '좋' 뒤에 어미 '-습니다'가 결합될 때 어간말의 'ㅎ'이 'ㄷ'으로 실현된 예가 있지만, 이 책에서는 'ㅅ'으로 시작되는 어미에 대한 체계적인 조사를 진행하지 못하였고 이는 추후 연구 과제로 보완할 것이다.

4.1.2. 경음화

경음화는 일정한 환경에서 평음 'ㅂ, ㄷ, ㅅ, ㅈ, ㄱ'이 각각 경음 'ㅃ, ㄸ, ㅆ, ㅉ, ㄲ'으로 실현되는 현상이다. 우선 곡용에서 출현된 경음화 예들을 관찰한다.

> (3) ㄱ. 입(口) + -보다 → 입**뽀**다
> 　　　저녁(夕) + -보구 → 저녁**뽀**구
> 　　ㄴ. 집(家) + -두 → 집**뚜**
> 　　　법(法) + -대루 → 법**때**루
> 　　ㄷ. 다락(樓) + -거티 → 다락**꺼**티
> 　　　한집(一家) + -거티 → 한집**꺼**티
>
> (4) ㄱ. 늪(藪) + -보구 → 눕보구 → 눕**뽀**구
> 　　ㄴ. 꽃(花) + -두 → 꼳두 → 꼳**뚜**
> 　　　끝(말) + -두 → 끋두 → 끋**뚜**

(3)-(4)는 단자음으로 끝나는 체언 어간 뒤에 평음으로 시작되는 조사가 결합되어 경음화가 일어난 예들이다. (3ㄱ)은 'ㅂ', 'ㄱ' 말음 어간 뒤에 'ㅂ'계 조사가 결합된 것인데 여기서 보듯이 조사 첫음절의 초성 'ㅂ'은 경음 'ㅃ'으로 실현된다. (3ㄴ)에서는 어간 말음 'ㅂ' 뒤에서 'ㄷ'계 조사가 'ㄸ'으로, (3ㄷ)에서는 어간 말음 'ㄱ, ㅂ' 뒤에서 'ㄱ'계 조사가 'ㄲ'으로 실현된 것이 확인된다. (4)에서는 평파열음화가 적용된 후에 경음화가 일어나는 것을 확인할 수 있다.

다음으로 활용에서의 경음화를 살펴본다.

> (5) ㄱ. 받-(受) + -드라 → 받**뜨**라

먹-(食) + -디 → 먹**띠**

ㄴ. 꼽-(揷) + -자 → 꼽**짜**

　　믿-(信) + -지 → 믿**찌**

ㄷ. 좁-(狹) + -구 → 좁**꾸**

　　작-(小) + -게 → 작**께**

(6) ㄱ. 높-(高) + -드라 → 놉드라 → 놉**뜨**라

　　　찾-(探) + -디 → 찬디 → 찬**띠**

ㄴ. 젖-(濕) + -지 → 젇지 → 젇**찌**

　　같-(如) + -지 → 갇지 → 갇**찌**

ㄷ. 깎-(削) + -구 → 깍구 → 깍**꾸**

　　덖-(修) + -구 → 떡구 → 떡**꾸**

　　(5)-(6)은 단자음으로 끝나는 용언 어간 뒤에 평음으로 시작되는 어미가 결합되어 경음화가 일어난 예들이다. (5ㄱ)에서는 'ㄷ, ㄱ' 말음 어간 뒤에서 'ㄷ'계 어미가 'ㄸ'으로, (5ㄴ)에서는 'ㅂ, ㄷ' 말음 어간 뒤에서 'ㅈ'계 어미가 'ㅉ'으로, (5ㄷ)에서는 'ㅂ, ㄱ' 말음 어간 뒤에서 'ㄱ'계 어미가 'ㄲ'으로 실현되는 것을 보여준다. (6)에서 보듯이 평음 'ㅂ, ㄷ, ㄱ' 이외의 단자음으로 끝나는 어간이 자음 어미 앞에 먼저 평파열음화가 일어난 후에 어미 첫음절의 초성을 경음화시킨다.

　　이상의 예들을 종합하면, 안악 지역어에서는 형태소 경계에서 장애음으로 끝나는 어간 뒤에 평음 'ㅂ, ㄷ, ㅈ, ㄱ'으로 시작되는 조사나 어미가 결합될 때 그 평음이 각각 경음 'ㅃ, ㄸ, ㅉ, ㄲ'으로 실현된다.[3] 한편, 어간말의 장애음이 평음 앞에 먼저 평파열음으로 실현된 후에 그 평음

3　'ㅅ'으로 시작되는 어미는 체계적으로 조사하지 못하였지만 자연 발화 '넌씀니다(넣었습니다), 고맙씀니다(고맙습니다), 이랜씀니까?(이랬습니까?)' 등에서처럼, 평파열음 뒤에서 어미 첫음절의 초성의 경음화가 실현된다.

을 경음화시키므로 이러한 경음화 현상을 평파열음 뒤의 경음화라고 한
다(이진호 2015:177).

또한, 자음군으로 끝나는 어간 뒤에 평음으로 시작되는 조사나 어미
가 결합될 때 그 평음이 경음으로 실현된다.

(7) ㄱ. 갑써(價) -두 → 갑두 → 갑**뚜**
　　　넉써(魂) + -두 → 넉두 → 넉**뚜**
　　　닭(鷄) + -두 → 닥두 → 닥**뚜**
　　ㄴ. 야 (八)# 시(時) → 야듧 **씨** → 야들 씨

(8) ㄱ. 업써-(無) + -구 → 업구 → 업**꾸**
　　ㄴ. 맑-(淸) + -디 → 맑**띠** → 말띠
　　　넓-(廣) + -디 → 넓**띠** → 널띠
　　　핥-(舐) + -구 → 핥**꾸** → 할꾸

(7)-(8)은 자음군으로 끝나는 체언, 용언 어간 뒤에 평음으로 시작되
는 조사나 어미 또는 어휘 형태소가 결합된 예들이다. (7ㄱ)에서 보듯이
'ㅂㅆ, ㄱㅆ, ㄹㄱ' 뒤의 'ㄷ'은 'ㄸ'으로, (7ㄴ)에서 'ㄼ' 뒤의 'ㅅ'은 'ㅆ'으
로 실현된다. (8ㄱ)에서는 'ㅂㅆ' 뒤의 'ㄱ'이 'ㄲ'으로, (8ㄴ)에서는 'ㄹㄱ,
ㄼ, ㄹㅌ' 뒤의 'ㄷ, ㄱ'이 'ㄸ, ㄲ'으로 실현되는 것이 확인된다. (7ㄱ),
(8ㄱ)에서 보듯이 어간 음절말의 자음군 'ㅂㅆ', 'ㄱㅆ, ㄹㄱ'이 단순화를
거쳐 평파열음 'ㅂ', 'ㄱ'으로 실현된 후에 조사나 어미 첫음절의 초성
'ㄷ, ㄱ'이 'ㄸ, ㄲ'으로 실현된다. 즉 이때의 경음화는 규칙의 순서상 자
음군단순화 뒤에 일어난 것이다. 반대로 (7ㄴ), (8ㄴ)에서의 경음화는 자
음군단순화 앞에 일어난 것이다. 즉 용언 어간말 자음군 'ㄹㄱ, ㄼ, ㄹㅌ'
중 'ㄹ'이 아니라 'ㄱ, ㅂ, ㅌ'에 의해 뒤에 결합되는 어휘 형태소나 어미

첫음절의 초성 'ㄱ, ㄷ'을 경음화시킨 것이다. 이렇게 본 이유는 '살구(活, 살-고), 알디(知, 알-지)'에서와 같이 형태소 경계에서 어간 말음 'ㄹ' 뒤의 경음화 현상이 공시적으로 실현되지 않기 때문이다.

한편, 중앙어와 같이 안악 지역어에서 평파열음 뒤의 경음화 이외에 공시적인 음운 규칙으로 설명할 수 없는 경음화 현상도 존재한다.

> (9) ㄱ. 신-(履) + -구 → 신**꾸**
> 깜-(瞑) + -디 → 깜**띠**
> ㄴ. 앉-(坐) + -구 → 안구 → 안**꾸**
> 젊-(少) + -디 → 점디 → 점**띠**
> ㄷ. 먹-(食) + -을# 거 → 머글 **꺼**
> 먹-(食) + -을# 적에 → 머글 **쩌**게

(9ㄱ)은 비음 'ㄴ, ㅁ'으로 끝나는 용언 어간 뒤에 'ㄱ, ㄷ'으로 시작되는 어미가 결합된 것인데 이때 어미 첫음절의 초성 'ㄱ, ㄷ'은 경음으로 실현된다. (9ㄴ)은 비음 'ㄴ, ㅁ'이 포함되는 자음군 'ㄵ, ㄻ'으로 끝나는 용언 어간 뒤에 'ㄱ, ㄷ'계 어미가 결합된 것인데 여기서 'ㄱ, ㄷ'은 경음으로 발음된다. (9ㄱ)에 따르면 (9ㄴ)에서의 경음화는 규칙의 순서상 자음군단순화 뒤에 일어난 것으로 여겨진다. (9ㄷ)은 관형형 어미 '-을' 뒤에 'ㄱ, ㅈ'으로 시작되는 형태소가 결합된 것인데 여기서 'ㄱ, ㅈ'은 경음으로 실현된다. (9)에서 제시된 예들은 용언 어간이나 관형형 어미라는 비음운론적 조건을 전제로 하는 경음화 현상이다.[4]

---

4 이 외에 '절때루(絕對), 열싸(烈土), 발쩐(發展)' 등과 같이 한자어 'ㄹ'뒤의 'ㄷ, ㅅ, ㅈ'이 경음으로 되는 현상 및 '강까(江邊), 신분쯩(身分證)' 등처럼 합성 명사에서의 경음화 현상이 존재한다.

4.1.3. 비음화

비음화는 음절말의 장애음이 비음 앞에서 비음으로 실현되는 현상이
다. 한편, 음절말의 장애음이 자음 앞에 먼저 평파열음으로 실현되어야
하고, 또 'ㅇ[ŋ]'이 음절 초성에 올 수 없으므로 비음화는 평파열음이
'ㅁ, ㄴ' 앞에서 비음으로 실현되는 현상이다. 우선, 곡용에서의 비음화
예들을 살펴본다.

> (10) ㄱ. 집(家) + -만 → **짐**만
>   집집(家家) + -마다 → 집**찜**마다
>   ㄴ. 국(湯) + -만 → **궁**만
>   생각(念) + -만 → 생**강**만
>
> (11) ㄱ. 앞(前) + -만 → 압만 → **암**만
>   ㄴ. 빗(責) + -만 → 빋만 → **빈**만
>   젖(乳) + -만 → 젇만 → **전**만
>   꽃(花) + -만 → 꼳만 → **꼰**만
>   솥(鼎) + -만 → 솓만 → **손**만

(10)-(11)은 단자음으로 끝나는 체언 어간 뒤에 'ㅁ'으로 시작되는 조
사가 결합되어 비음화가 일어난 예들이다. (10)의 곡용형에서는 어간말
의 'ㅂ', 'ㄱ'이 'ㅁ'앞에서 각각 'ㅁ', 'ㅇ[ŋ]'으로 바뀐 것을 보여준다. (11
ㄱ)에서는 어간말의 'ㅍ'이 'ㅁ' 앞에서 'ㅁ'으로, (11ㄴ)에서는 어간말의
'ㅅ, ㅈ, ㅊ, ㅌ'이 'ㅁ' 앞에서 'ㄴ'으로 실현되는 것이 확인된다. 한편,
(11)을 통하여 어간말의 'ㅍ', 'ㅅ, ㅈ, ㅊ, ㅌ'은 각각 평파열음 'ㅂ', 'ㄷ'
으로 바뀐 후에 'ㅂ, ㄷ'이 뒤에 오는 'ㅁ'에 의해 동화되어 'ㅁ, ㄴ'으로
실현된 것을 알 수 있다.

이어서 활용에서의 비음화 현상을 관찰한다.

(12) ㄱ. 꼽-(揷) + -는다 → **꼼**는다
　　　덥-(熱) + -나? → **덤**나?
　　ㄴ. 딛-(聞) + -는다 → **딘**는다
　　　받-(受) + -는다 → **반**는다
　　ㄷ. 먹-(食) + -는다 → **멍**는다
　　　먹-(食) + -니? → **멍**니?

(13) ㄱ. 갚-(報) + -는다 → 갑는다 → **갑**는다
　　　높-(高) + -나? → 놉나? → 놈**나**?
　　ㄴ. 붙-(着) + -는다 → 붇는다 → **분**는다
　　　낮-(低) + -니? → 낟니? → **난**니?
　　　웃-(笑) + -는다 → 욷는다 → **운**는다
　　　쫓-(追) + -는다 → 쫃는다 → **쫀**는다
　　　좋-(好) + -니? → 졷니? → **존**니?
　　ㄷ. 깎-(削) + -는다 → 깍는다 → **깡**는다
　　　딲-(修) + -는다 → 딱는다 → **땅**는다

(12)-(13)은 단자음으로 끝나는 용언 어간 뒤에 'ㄴ'으로 시작되는 어미가 결합되어 비음화가 적용된 예들이다. (12)에서 보듯이 어간 말음 'ㅂ', 'ㄷ', 'ㄱ'이 'ㄴ'계 어미 앞에서 각각 'ㅁ', 'ㄴ', 'ㅇ[ŋ]'으로 실현된다. (13)에서는 어간 말음 'ㅍ', 'ㅌ, ㅈ, ㅅ, ㅊ, ㅎ', 'ㄲ'이 'ㄴ'계 어미 앞에서 각각 평파열음화를 거쳐 'ㅂ', 'ㄷ', 'ㄱ'으로 바뀐 후에 다시 비음 'ㅁ', 'ㄴ', 'ㅇ[ŋ]'으로 실현되는 것이 확인된다. (10)-(13)의 예들을 종합하면, 장애음으로 끝나는 체언 및 용언 어간 뒤에 'ㅁ, ㄴ'으로 시작되는 조사나 어미가 결합될 때 그 장애음이 먼저 평파열음 'ㅂ, ㄷ, ㄱ'으로 된 후에 'ㅁ, ㄴ'에 의해 동화되어 'ㅁ, ㄴ, ㅇ[ŋ]'으로 실현되는 비음화

현상이 확인된다. 한편, 평파열음화한 후에 일어나는 비음화 현상 이외
에는 어간 말음이 자음군일 때 비음으로 시작되는 조사나 어미가 결합
되어 비음화가 일어나기도 한다.

(14) ㄱ. 갑쓰(價) + -만 → 갑만 → **갑**만
　　ㄴ. 넉쓰(魂) + -만 → 넉만 → **넝**만
　　　　닭(鷄) + -만 → 닥만 → **당**만

(15) 업쓰-(無) + -는데 → 업는데 → **엄**는데
　　업쓰-(無) + -나? → 업나? → **엄**나?

(14)는 자음군 'ㅂ쓰, ㄱ쓰, ㄹ'으로 끝나는 체언 어간 뒤에 '-만'이 결
합된 것이고 (15)은 'ㅂ쓰'으로 끝나는 용언 어간 뒤에 'ㄴ'계 어미가 결
합된 것이다. (14)-(15)에서 보듯이 자음군 'ㅂ쓰'은 'ㅁ, ㄴ' 앞에서 'ㅁ'
으로, 'ㄱ쓰, ㄹ'은 'ㅁ' 앞에서 'ㅇ[ŋ]'으로 실현된다. 이들 예로부터 자음
군단순화의 적용이 비음화에 선행하는 것을 알 수 있다.

이상에서 관찰한 바와 같이, 어간 말의 장애음이 비음 앞에서 비음으
로 바뀌는 비음화 현상은 안악 지역어에서 필수적으로 일어난다.

4.1.4. 유음화

중앙어와 같이 안악 지역어에서 'ㄴ-ㄹ' 또는 'ㄹ-ㄴ'의 음운 연쇄가
불가능하므로 해당 연쇄가 나타났을 경우에는 'ㄹ'탈락 현상 또는 유음
화 현상이 일어난다. 유음화는 'ㄴ-ㄹ' 또는 'ㄹ-ㄴ'의 음운 연쇄가 'ㄹ-
ㄹ'로 실현되는 현상이다. 한편, 유음화는 동화주인 'ㄹ'의 위치에 따라
이에 후행하는 'ㄴ'이 'ㄹ'로 되는 순행적 유음화와 이에 선행하는 'ㄴ'

이 'ㄹ'로 되는 역행적 유음화로 나뉜다. 안악 지역어에는 단어 경계나 형태소 경계에서 순행적 유음화 현상만이 나타나는데 해당 예는 다음과 같다.[5]

> (16) ㄱ. 밥쑨깔 **래**티구 가.(밥숟갈 내치고 가.)
> ㄴ. 스비일 **라**레 간다 그래서.(십이일 날에 간다고 그랬어.)

> (17) 읽-(讀) + -는다 → 일는다 → 일**른**다
> 밟-(踏) + -는다 → 발는다 → 발**른**다
> 꿇-(跪) + -는다 → 꿀는다 → 꿀**른**다
> 훑-(撈) + -는다 → 흘는다 → 흘**른**다

(16), (17)은 각각 단어 경계 및 활용에서 확인된 유음화 예들이다. (16)에서 보듯이 단어 '밥숟갈(飯匙)# 내티구(鬪)', '습이일(十二日)# 날(日)' 사이의 'ㄹ-ㄴ' 연쇄가 순행적 유음화를 거쳐 'ㄹㄹ'로 실현된다. (17)에 서는 'ㄹ'이 포함되는 자음군 뒤에 'ㄴ'계 어미가 결합되어 'ㄹC-ㄴ' 연 쇄가 'ㄹㄹ'로 실현되는 순행적 유음화가 확인된다. 여기서 'ㄹC-ㄴ'의 연쇄에서 유음화가 일어날 환경이 아닌데도 유음화가 일어났으므로 그 전에 자음군 'ㄹC'이 'ㄹ'로 바뀐 과정이 있어야 하는 것으로 여겨진다. 후술하겠지만 '사-(活)+-는→사는'에서와 같이 'ㄹ'로 끝나는 용언 어간 뒤에 'ㄴ'으로 시작되는 어미가 결합되면 어간말의 'ㄹ'이 탈락하는 유음 탈락이 일반적으로 적용된다. 그러나 (17)에서 보듯이 자음군 'ㄹ, ㄼ, ㄾ, ㄿ'이 'ㄹ'로 바뀐 후에는 'ㄴ' 앞에서의 'ㄹ'이 탈락할 환경이 조성

---

5   역행적 유음화는 주로 '원료(原料)→월료, 신랑(新郎)→실랑, 권리(權利)→궐리' 등과 같은 한자어에서 찾아볼 수 있다.

되지만 '근'이 탈락하지 않고 오히려 유음화가 일어난다. 최명옥(2005: 306)에서는 활용에서 어간에 탈락 규칙이 두 번 적용될 수 없으며 이는 용언 어간의 의미를 유지하기 위해 음운 규칙의 적용 한계가 발생하기 때문이라고 지적한 바가 있다.

이상으로 안악 지역어에서는 유음 '근'이 포함되는 자음군 'ㄺ, ㄼ, ㅀ, ㄾ'으로 끝나는 어간 뒤에 'ㄴ'으로 시작되는 어미가 결합할 때 유음화 현상이 일어나며 이러한 순행적 유음화 현상은 필수적으로 실현된다.

4.1.5. 위치 동화

위치 동화는 선행 음절의 종성에 오는 자음이 뒤에 오는 자음의 조음 위치를 닮아가는 현상인데 연구개음화 및 양순음화가 포함된다. 연구개음화 및 양순음화는 대부분 방언에서 수의적으로 나타나는데, 안악 지역어에서도 형태소 경계에서 수의적으로 실현된다.

4.1.5.1. 연구개음화

여기서는 연구개음이 아닌 자음으로 끝나는 어간 뒤에 연구개음으로 시작되는 조사나 어미가 결합할 때 어간 말의 자음이 연구개음으로 바뀌는 공시적인 연구개음화 현상을 논의한다.

우선 곡용에서의 연구개음화 현상을 살펴본다.

(18) ㄱ. 집(家) + -까지 → **직**까지
　　 ㄴ. 앞(前) + -까지 → 압까지 → **악**까지
　　　　 끝(末) + -까지 → 끋까지 → **끅**까지

(18ㄱ)에서는 어간 말음'ㅂ'이 'ㄲ' 앞에서 'ㄱ'으로, (18ㄴ)에서는 어간 말음 'ㅍ, ㅌ'이 'ㄲ' 앞에서 'ㄱ'으로 실현되는 것이 확인된다. (18ㄴ)에서 보듯이 연구개음화는 평파열음화가 일어난 후에 적용된다.

다음으로 활용에서 나타나는 예들을 관찰한다.

> (19) ㄱ. 닙-(被) + -구 → 닙꾸 → **닉꾸**
> 싣-(載) + -구 → 싣꾸 → **식꾸**
> ㄴ. 신-(履) + -구 → 신꾸 → **싱꾸**
> 담-(抵) + -구 → 담꾸 → **당꾸**

> (20) 덮-(蓋) + -구 → 덥구 → 덥꾸 → **덕꾸**
> 웃-(笑) + -구 → 욷구 → 욷꾸 → **옥꾸**

(19)-(20)은 용언 어간 뒤에 'ㄱ'계 어미가 결합된 예들이다. (19ㄱ)은 어간 말음 'ㅂ, ㄷ'이 'ㄱ' 앞에 'ㄱ'으로, (19ㄴ)은 어간 말음 'ㄴ, ㅁ'이 'ㄱ' 앞에 'ㅇ[ŋ]'으로 실현되는 것을 보여준다. (19)에서 보듯이 연구개음화는 경음화가 일어난 후에 적용된다. (20)에서는 어간 말음 'ㅍ, ㅅ'이 'ㄱ'계 어미 앞에 평파열음화를 거친 후에 연구개음 'ㄱ'으로 실현되는 것이 확인된다.[6] 이 과정에서 평파열음화한 후의 'ㅂ, ㄷ'이 'ㄱ'계 어미의 'ㄱ'을 경음화시킨다. 즉 규칙의 적용 순서는 필수적으로 일어나는 평파열음화 및 경음화가 진행된 후에 연구개음화가 수의적으로 적용된다는 것이다.

이상에서 논의한 바를 종합하면, 형태소 경계에서 평파열음화한 후의

---

6 한편, '웃-구'가 '우꾸'로 실현되기도 하는데 이는 연구개음화가 적용된 후에의 'ㄱ'이 수의적으로 탈락한 것으로 여겨진다.

'ㅂ, ㄷ'이 연구개음 앞에 'ㄱ'으로 실현되고, 비음 'ㅁ, ㄴ'이 연구개음 앞에 'ㅇ[ŋ]'으로 실현된다. 한편, 이러한 연구개음화는 안악 지역어에서 늘 수의적으로 실현되는 현상임을 밝혀둔다.

4.1.5.2. 양순음화

여기서는 양순음이 아닌 자음으로 끝나는 어간 뒤에 양순음으로 시작되는 조사나 어미가 결합될 때 어간말의 자음이 양순음으로 실현되는 공시적인 양순음화 현상을 살펴본다. 안악 지역어에서는 곡용에서의 양순음화 현상만이 확인되며 구체적인 예는 다음과 같다.

(21) ㄱ. 돈(錢) + -만 → **돔**만
　　　신(靴) + -만 → **심**만
　　ㄴ. 옷(服) + -보구 → 온보구 → 온뽀구 → **옵**뽀구
　　　뜻(意) + -보다 → 뜬보다 → 뜬뽀다 → **뜹**뽀다

(21)은 체언 어간 뒤에 조사가 결합된 예들이다. (21ㄱ)은 'ㄴ' 말음 어간 뒤에 'ㅁ'계 조사가 결합된 것이고 이때 'ㄴ'이 'ㅁ' 앞에 'ㅁ'으로 실현되는 양순음화 현상을 확인할 수 있다. (21ㄴ)은 'ㅅ' 말음 어간 뒤에 'ㅂ'계 조사가 결합된 것이고 여기서 보듯이 평파열음화, 경음화가 적용된 후에 연구개음화가 일어난다.[7] (21)에 제시된 이른바 곡용에서의 양순음화는 안악 지역어에서 수의적으로 일어나는 현상이다.

7　실제로 '옷-보구', '뜻-보다' 결합은 '옵뽀구', '뜹뽀다'보다는 '오뽀구', '뜨뽀다'로 더 많이 실현되는데 이는 양순음화가 적용된 후에의 'ㅂ'이 탈락한 결과이다.

4.1.6. 모음조화

모음조화는 한 단어 내에서 동일한 특성을 공유한 모음들끼리 어울려 나타나는 일종의 동화 현상이고 15세기의 한국어에서 엄격하게 지켜졌던 규칙이다(김성규·정승철 2015:221, 이진호 2017:161 등). 한편, 모음조화를 형태소 내부와 형태소 경계로 구분하여 기술할 때, 전자는 한 형태소를 구성하는 모음들이 모음조화를 따르는 것이고, 후자는 어휘 형태소 뒤에 문법 형태소가 결합할 때 모음조화에 따라 문법 형태소의 이형태가 선택되는 것이다(鄭承喆 1995:103, 이진호 2017:161 등). 이 책에서 논의하는 모음조화는 용언 어간 모음의 종류에 따라 뒤에 '아'계, '어'계 어미 중 어느 것이 선택되는지를 보여주는 형태소 경계의 음운 현상이다.[8] 崔明玉(1982: 47), 鄭承喆(1995:117), 韓成愚(1996:39), 정의향(2008:155) 등에 따르면 모음조화에 영향을 끼칠 수 있는 요소로는 어간 모음, 어간의 구조, 어간말 자음의 종류 등이 있다. 황해도 방언의 모음조화에 대하여 곽충구(2001), 장승익(2019) 등에서 논의한 바가 있는데 곽충구(2001:410)에서는 어간 모음의 종류, 어간의 음절수에 따른 모음조화 실현 양상을 밝혔다. 여기서

---

8 이와 같이 어간 모음에 따라 어미가 선택되는 현상에 대하여 부사형 어미 '아'의 교체(崔明玉 1982), 부사형 어미 '-아/어'의 교체(한성우 2006), 어미 '아(X)'의 '어(X)'화(林錫圭 2007), 어미초 '어'의 '아'화(이금화 2007, 金春子 2007) 등 용어들이 사용되어 왔다. 어미 '-아/어'의 교체라는 것은 어미의 기저형을 무엇으로 설정하느냐에 따라 교체 방향이 달라진다. 어미의 기저형을 /-어/로 설정하면 어간 모음에 따라 어미 '어'가 '아'로 교체된다고 하고, 반대로 어미의 기저형을 /-아/로 설정하면 어미 '아'가 '어'로 교체된다고 한다. 앞에서 이미 언급했듯이 어미의 기저형을 설정할 때 '아'계, '어'계 어미의 출현 빈도수가 더 많은 '어'쪽을 잠정적 기저형으로 설정한 바가 있다. 어미 '-아/어'의 교체로 볼 때는 '아'계 어미로 교체, '어'계 어미로 교체라는 표현을 사용하지만 모음조화로 볼 때는 어미 '-아'가 연결, 어미 '-어'가 연결 등을 표현할 수 있다. 여기서는 어간 모음에 따라 어미가 선택되는 양상을 모음조화 현상으로 자세히 논의한다.

는 어간의 음절 수, 어간 모음, 어간의 구조, 어간말 자음의 종류(순수자음, 공명자음, 어간말자음군, 후음) 등이 안악 지역어의 모음조화 현상에 어떻게 관여하는지를 살펴본다.[9]

우선, 어간이 단음절인 경우를 관찰한다.

① 어간이 단음절인 경우

앞에서 살펴본 바와 같이, 안악 지역어에는 'ㅏ, ㅓ, ㅚ, ㅐ, ㅔ, ㅡ, ㅗ, ㅣ, ㅜ' 총 9개 단모음이 있으므로 여기서는 각 단모음을 가진 용언 어간 뒤에 '아/어'계 어미 중에 어느 것이 선택되는지를 살펴본다. 먼저 폐음절 어간 뒤에 모음 어미가 결합되는 양상을 살펴본 후에 개음절 어간을 관찰한다.

(22) ㄱ. 깎-(削) + -아두 → 까**까**두, 잡-(執) + -아두 → 자**바**두
　　　살-(活) + -아두 → 사**라**두, 참-(忍) + -아두 → 차**마**두
　　　낳-(産) + -아서 → **나**:서, 앓-(療) + -앗어 → 아**라**서
　　　닮-(似) + -아서 → 달**마**서, 앉-(坐) + -아서 → 안**자**서
　　ㄴ. 쏙-(欺) + -아서 → 쏘**가**서, 돋-(發芽) + -아 → 도**다**
　　　놀-(遊) + -아 → 노**라**, 돌-(週) + -아서 → 도**라**서
　　　좋-(好) + -아 → 조:**와**, 놓-(放) -아 → **놔**:
　　　옳-(是) + -아서 → 오**라**서, 옭-(染) + -앗다 → 올**맏**따
　　ㄷ. 맺-(結) + -아서 → 매**자**서
　　ㄹ. 얻-(得) + -어서 → 어**더**서, 덮-(蓋) + -어서 → 더**퍼**서
　　　멀-(遠) + -어서 → 머**러**서, 넘-(越) + -어서 → 너**머**서
　　　넣-(放入) + -엇다 → 너**얻**따, 넓-(廣) + -어서 → 널**버**서
　　ㅁ. 쫒-(裂) + -어 → 쯔**저**, 늦-(晚) + -어서 → 느**저**서
　　　들-(舉) + -어두 → 드**러**두, 늘-(增) + -어 → 느**러**

9　이 부분에서는 崔小娟(2018)에서 다루지 못한 내용을 보완한다.

긁-(搔) + -어서 → 글**거**서, 끓-(沸) + -어서 → 끄**러**서
ㅂ. 딛-(聞) + -어서 → 디**더**서, 닉-(熟) + -어 → 니**거**
신-(履) + -어두 → 시**너**두, 길-(長) + -어 → 기**러**
띻-(搗) + -어서 → **떼**:서, 싫-(嫌) + -어서 → 시**러**서
ㅅ. 죽-(死) + -어서 → 주**거**서, 줏-(拾) + -어서 → 주**서**서
울-(泣) + -어두 → 우**러**두, 품-(懷) + -엇다 → 푸**멋**따
굶-(餓) + -어서 → 굴**머**서, 꿇-(跪) + -엇다 → 꾸럳따

(22)는 어간 모음이 'ㅏ, ㅗ, ㅐ, ㅓ, ㅡ, ㅣ, ㅜ'인 폐음절 용언 어간 뒤에 '아/어'계 어미가 결합된 예들이다.[10] (22ㄱ-ㄷ)은 어간 모음이 'ㅏ, ㅗ, ㅐ'인 경우인데 여기서 보듯이 어간말 자음과 관계없이 '아'계 어미가 결합된다.[11] (22ㄹ-ㅅ)은 어간 모음이 'ㅓ, ㅡ, ㅣ, ㅜ'일 때인데 여기서는 어간말 자음과 관계없이 '어'계 어미가 선택되는 것이 확인된다.

요약하면, 단음절 폐음절 어간인 경우, 어간말 자음과 관계없이 어간 모음이 'ㅏ, ㅗ, ㅐ'일 때 뒤에 '아'계 어미, 어간 모음이 'ㅓ, ㅡ, ㅣ, ㅜ'일 때 뒤에 '어'계 어미가 결합된다.[12] 이러한 결합 양상으로 보아, 안악 지역어의 모음 'ㅏ, ㅗ, ㅐ'는 양성모음의 특성을 지니고 'ㅓ, ㅡ, ㅣ, ㅜ'는 음성모음의 특성을 가진다고 볼 수 있다.

다음은 단음절 개음절 어간과 '아/어'계 어미의 결합 양상을 살펴본다.

---

10 안악 지역어에 어간 모음이 'ㅚ, ㅔ'인 폐음절 용언 어간은 존재하지 않는다.

11 황해도 황주, 봉산 지역에서 유래된 민요 가사를 기록한 朴基種(1999:66-67)에서 어간 모음이 '아'인 폐음절 용언 어간 뒤에 '어'계 어미가 결합되는 예가 발견된다.
ㄱ. 무정하고 야속한 사랑 꿈의 안에 왜 앉어 있나.
ㄴ. 수 강상 부일봉에 봉황이 앉어서 반춤을 춘다.
여기서 보듯이 동사 어간 '앉-(坐)' 뒤에 '어'계 어미가 선택되는데 이러한 예외는 황해도 방언에서 원래 있는 현상이라기보다 중부 방언의 영향을 받았을 것으로 여겨진다.

12 한편, '아/어'계 어미의 잠정 기저형을 /-어Y/로 설정할 때, 어간 모음이 'ㅏ, ㅐ, ㅗ'일 때 '어'계 어미에서 '아'계 어미로의 교체가 일어난다고 말할 수 있다.

(23) ㄱ. 가-(去) + -아두 → **가**두, 사-(買) + -아두 → **사**두

　　ㄴ. 꼬-(糺) + -아서 → **꽈**:서, 쏘-(射) + -아서 → **쏴**:서

　　ㄷ. 내-(出) + -아서 → **내**:서, 빼-(扱) + -아서 → **빼**:서

　　ㄹ. 서-(立) + -엇다 → **섣**따, 커-(長) + -어서 → **커**서

　　ㅁ. 메-(擔) + -어서 → **메**:서, 베-(割) + -어서 → **베**:서

　　ㅂ. 뜨-(織) + -어서 → **떠**서, 쓰-(苦) + -어 → **써**

　　ㅅ. 피-(發) + -어 → 피**여**~**폐**:, 기-(匍) + -어 → **겨**:~**게**:

　　ㅇ. 꾸-(貸) + -어서 → **꿔**:서, 두-(置) + -어 → 두**어**~**둬**:

　　(23)은 모음 'ㅏ, ㅗ, ㅓ, ㅡ, ㅣ, ㅜ, ㅐ, ㅔ'로 끝나는 단음절 용언 어간 뒤에 '아/어'계 어미가 결합된 예들이다. (23ㄱ-ㄴ)에 제시된 활용형으로부터 어간 모음 'ㅏ, ㅗ'일 때 뒤에 '아'계 어미가 선택되는 것이 확인된다. (23ㅅ)은 어간 모음이 'ㅐ'인 경우인데, 이때 뒤에 '아'계 어미가 선택되는지, '어'계 어미가 선택되는지를 판단하기 어렵지만, (22ㄷ)의 '맺-아서'를 기준으로 하면 개음절 어간 뒤에 '아'계 어미가 선택되는 것을 유추할 수 있다.[13] (23ㄹ-ㅇ)에서는 어간 모음이 'ㅓ, ㅔ, ㅡ, ㅣ, ㅜ'일 때 뒤에 '어'계 어미가 결합되는 것을 보여준다.

　　한편, 황해도 방언의 단모음 'ㅚ'를 양성모음으로 보는 견해가 있다. 장연 지역어 자료를 제공한 李容完(1990:410)에서는 단모음 'ㅚ'를 양성모음으로 보고 'ㅚ'로 끝나는 용언 어간 뒤에 '아'계 어미가 결합된 예들을 제시한 바가 있다.[14] 또한, 황해도 은율, 송화 지역 방언을 반영한 고동

13　황해도 방언의 모음 'ㅐ'를 양성모음으로 보고 'ㅐ'로 끝나는 용언 어간 뒤에 '아'계 어미가 결합된 경우가 발견되는데 다음은 각각 황해도 장연 지역어 자료를 제공한 李容完 (1990:410), 은율, 송화 지역어를 반영한 고동호·장승익(2018:290)에서 가져온 예들이다.

　　ㄱ. 개았다(晴, 개었다), 매았다(係, 매었다)

　　ㄴ. 개스 이북 주설 대았어.

　　　(그래서 이북 주소를 댔어.)

호·장승익(2018)에서는 동사 어간 '되-(爲)' 뒤에 '아'계 어미가 결합된 예들이 확인된다.[15] 장승익(2019:106)에서는 원래 'ㅔ'로 끝나는 어간 '베-' 뒤에 어미 '-어'가 선택되고 'ㅚ>ㅔ' 변화를 겪어 'ㅔ'로 끝나는 어간 '데-(되-)' 뒤에 어미 '-아'가 결합되는 것을 착안하여, 'ㅚ'가 양성모음일 가능성을 제기하였다.[16]

그러나 안악 지역어에서는 활용에서 어간의 단모음 'ㅚ'가 양성모음의 특징을 가진다고 입증하는 직접적인 예가 존재하지 않는다.

> (24) 왜:서, 외문, 외구, 왼다   (誦)
>   돼:서, 되문, 되구, 되다   (硬)

(24)는 '誦', '硬'의 의미를 가진 용언 어간과 어미의 활용형 예들인데 여기서 '왜:서', '돼:서'의 실현은 '외-어서', '되-어서'의 결합 결과 또는 '외-아서', '되-아서'의 결합 결과로 볼 수 있다. 앞에서 이미 살펴보았듯이 (24)의 활용형으로부터 어간의 기저형을 '왜-(모음 어미 앞)/외-(그 이외의 환경)', '돼-(모음 어미 앞)/외-(그 이외의 환경)'로 설정한다. 한

---

14 해당 예들을 제시하면 다음과 같다.
    ㄱ. 되았다(成, 되었다), 괴았다(溜, 괴었다), 쐬았다(風, 쐬었다).
15 관련 예들은 다음과 같다.
    ㄱ. 이 그래 갖구스는 되앗지.
       (이 그러서는 결혼하게 되었지.)<은율 p182>
    ㄴ. 우리 그슨 결혼식허먼 한 사오 일 동네잔치가 되아.
       (우리 거기에서는 결혼식을 하면, 한 4~5일은 동네잔치가 돼.)<송화 p161>
16 해당 예문을 제시하면 다음과 같다.
    ㄱ. 그럼 그 드 일찌가니들 주기 데앗댓지 그때.
       (그럼, 그래서 더 일찌감치 (시집을) 보내게 되었었지 그때.)<은율 p137>
    ㄴ. 저닉 때가 데앗는디…
       (저녁 때가 됐는데…)<송화 p153>

편, 단모음 '괴'의 불안정성 때문에 동사 '되-(爲)'가 안악 지역어에서 '대-'로 나타나고 '대-' 뒤에 어미 '-앗-'이 결합된 경우가 확인된다.

(25) 내 마메 인는 말 다 퍼데 나가게 <u>대</u>**안따**.
    (내 마음에 있는 말 다 퍼져 나가게 되었다.)

(25)에서 보듯이 '괴'를 가졌던 '대-' 뒤에 '-앗-'이 선택되는데 이는 원래의 '괴'가 양성모음이라서 실현된 것인지, 아니면 현재의 양성모음 'ㅐ'에 영향을 받은 것인지를 단언하기 어렵다. 그러므로 현재로써 안악 지역어에서 단모음 '괴'로 끝나는 어간 뒤에 '아/어'계 어미 중 어느 것이 선택되지는 확인하기 어렵다.

이상에서 살펴본 바를 종합하면 단음절 어간인 경우, 어간 모음이 'ㅏ, ㅗ, ㅐ'일 때 뒤에 '아'계 어미, 어간 모음이 'ㅓ, ㅔ, ㅡ, ㅣ, ㅜ'일 때 뒤에 '어'계 어미가 선택된다고 말할 수 있다.

② 어간이 다음절인 경우

여기서 다시 폐음절 어간인 경우 및 개음절 어간인 경우를 나눠서 살펴본다.

(26) ㄱ. 붙잡-(拏) + -아서 → 분짜**바**서
        잘쌀- + -아 → 잘써**라**
    ㄴ. 내놓-(賤) + -아서 → 내**놔**서
    ㄷ. 일업쓰-(無妨) + -어 → 이럽**써**
    ㄹ. 드물-(稀) + -어 → 드무**러**
    ㅁ. 맛잇-(膻) + -어 → 마시**서**
    ㅂ. 가늘-(細) + -어 → 가느**러**
        더듬-(摸) + -어서 → 더드**머**

(26)은 다음절 폐음절 어간 뒤에 '아/어'계 어미가 결합된 예들이다. (26ㄱ-ㄴ)에서 보듯이 어간 말음절 모음이 'ㅏ, ㅗ'일 때 뒤에 '아'계 어미가 결합되고, (26ㄷ-ㅂ)에서는 어간 말음절 모음이 'ㅓ, ㅣ, ㅡ'일 때 뒤에 '어'계 어미가 연결되는 것이 확인된다.

이어서 개음절 다음절 어간인 경우를 관찰한다.

> (27) ㄱ. 나가-(出去) + -아서 → 나**가**서, 지나-(歷) + -앗다 → 지**낳**따
> ㄴ. 나오-(出來) + -아서 → 나**와**서, 개오-(賫) + -아 → 개**와**
> ㄷ. 보내-(送) + -앗어 → 보**내**서, 꺼내-(搯) + -아서 → 꺼**내**서
> ㄹ. 나서-(進出) + -엇다 → 나**섣**따, 건너-(渡) + -어 → 건**너**
> ㅁ. 고치-(改) + -어 → 고**쳐**~고**체**
> 걸리-(罹) + -어두 → 걸**려**두~걸**레**두
> ㅂ. 씨끄-(洗) + -어 → 씨**꺼**, 눌르-(壓) + -어서 → 눌**러**서
> 슬프-(悲) + -어 → 슬**퍼**
> 깔르-(分) + -아서 → 깔**라**서, 모으-(集) + -아서 → 모**아**서
>
> (28) ㄱ. 가두-(囚) + -어 → 가**둬**, 맞추-(調) + -어서 → 맞**춰**서
> 세우-(堅) + -어 → 세**워**, 피우-(炊) + -어 → 피**워**
> ㄴ. 싸우-(鬪) + -어서 → 싸**워**서~싸**와**서
> 배우-(學) + -어서 → 배**워**서~배**와**서
> ㄷ. 외우-(誦) + -아서 → 외**와**서, 살쿠-(使活) + -아 → 살**콰**
> 보꾸-(炒) + -아서 → 보**꽈**서

(27)-(28)은 개음절 어간 뒤에 '아/어'계 어미가 결합된 예들이다. (27ㄱ-ㄷ)에서는 'ㅏ, ㅗ, ㅐ' 말음 어간 뒤에 '아'계 어미, (27ㄹ-ㅁ)에서는 'ㅓ, ㅣ' 말음 어간 뒤에 '어'계 어미가 결합되는 것이 확인된다. (27ㅂ)은 'ㅡ' 말음 어간의 경우인데 이때 선행하는 음절의 모음에 따라 뒤에 결합되는 어미가 달라진다. 즉 선행 음절의 모음이 'ㅣ, ㅡ, ㅜ' 등 음성

모음일 때 '어'계 어미가 오고, 선행 음절의 모음이 'ㅏ, ㅗ' 등 양성모음일 때 '어'계 어미가 결합된다. 이로써 'ㅡ' 말음 다음절 어간인 경우, 모음 'ㅡ'가 형태소 경계의 모음조화에 아무런 영향도 끼치지 않는 것을 확인할 수 있다.[17] (28)은 'ㅜ' 말음 어간의 경우인데 (28ㄱ)에서 보듯이 선행 음절의 모음과 관계없이 'ㅜ' 말음 다음절 어간 뒤에 '어'계 어미가 결합된다. 이러한 결과는 앞에 살펴본 음성모음 'ㅜ'를 가진 1음절 어간 뒤에 늘 '어'계 어미가 오는 것과 일치한다. 그러나 (28ㄴ·ㄷ)에서는 선행 음절의 모음이 'ㅏ, ㅐ, ㅚ, ㅗ'일 때 '아'계 어미가 선택되는 경우가 확인된다.[18] 김봉국(2004:327)에 의하면 '싸우-, 배우-, 외우-' 뒤에 '아'계 어미가 선택된 것은 이전 시기의 모음조화가 현재까지 유지되면서 어간 말음절의 모음 'ㅜ'가 중립모음의 성격을 갖게 되어 이에 선행 음절 모음 'ㅏ, ㅐ, ㅚ'의 영향을 받은 결과이다.[19] 그렇다면 재구조화된 어간 '살쿠-', '보꾸-' 뒤에 '아'계 어미가 오는 것도 'ㅜ'가 중립모음의 기능을 한 결과로 볼 수 있겠다.

모음 'ㅜ'의 이러한 중립모음의 성격은 'ㅂ'불규칙 용언 어간의 활용에서도 찾아볼 수 있다.

---

17   정승철(1995:124)에서는 이때의 모음 'ㅡ'를 무관모음으로 보았다.

18   안악 지역어에서 어간 '외우-' 뒤에 '어'계 어미가 결합될 때 '외와' 이외에 '애와'로 실현되기도 한다. 이러한 결합 양상은 황해도 방언의 단모음 'ㅐ, ㅚ'가 적어도 이전시기에 양성모음이었다는 것을 말해준다.
한편, 고동호·장승익(2018:213)에서 송화 출신 화자의 자연 발화에서 '외우-어'가 '에와'로 실현된 예가 발견된다.
　ㄱ. 거 노래 아직 가시 고대로 가사 에와.(그 노래를 아직 가사 그대로 가사를 외워.)

19   곽충구(1999:158)에서는 '밧고다>바꾸다, ᄀ초다>갖추다' 등처럼 역사적으로 'ㅗ>ㅜ' 변화를 겪은 비어두 위치의 'ㅜ'가 함경도, 평안도 등 방언의 모음조화에서 중립적인 기능을 하고 이때의 'ㅜ'를 부분 중립 모음으로 보았다.

(29) ㄱ. 가차우-(近) + -아 → 가차**와**

　　　매우-(辛) + -아서 → 매**와**서

　　　고우-(麗) + -아서 → 고**와**서

　　ㄴ. 반가우-(歡) + -어서 → 반가**와**서~반가**워**서

　　　안타까우-(惋) + -어 → 안타까**와**~안타까**워**

(30) ㄱ. 기우-(補) + -어서 → 기**워**서

　　　구우-(炙) + -어 → 구**워**

　　　씨끄러우-(擾) + -어서 → 씨끄러**워**서

　　ㄴ. 미우-(憎) + -어 → 미**와**~미**워**

　　　추우-(寒) + -어 → 추**와**~추**워**

　　　무스우-(恐) + -어 → 무스**와**~무스**워**

　　(29)는 'ㅜ' 말음에 선행하는 음절의 모음이 'ㅏ, ㅗ, ㅐ'인 경우인데 (29ㄱ)에서 보듯이 어간 뒤에 '아'계 어미가 결합되고 (29ㄴ)에서는 두 가지 어미가 모두 가능함을 보여준다. (30)는 'ㅜ' 말음에 선행하는 음절의 모음이 'ㅣ, ㅜ, ㅓ, ㅡ'인 경우인데, (30ㄱ)에서는 '어'계 어미가 선택되고, (30ㄴ)에서는 두 가지 어미가 모두 결합된다. 이에 따르면 'ㅂ'불규칙 용언 어간, 즉 /X{ㅂ-우}-/류 어간 중 /X우-/의 경우 'ㅜ'에 선행하는 모음이 양성모음일 때 주로 '아'계 어미가 선택되고, 'ㅜ'에 선행하는 모음이 음성모음인데 '아'계 어미가 결합되는 경우가 있다.[20]

　　지금까지 논의한 바를 정리하면, 안악 지역어의 형태소 경계의 모음 조화 현상은 단음절 폐음절 어간인 경우 잘 지켜지고 있다. 단음절 어간

20　김봉국(2004:332-333)에 따르면 육진방언에서 어간말에 기원적으로 'ㅸ'이나 'ㅂ'을 가졌던 이들 어간 중 모음 'ㅣ, ㅡ, ㅓ, ㅜ'를 가진 1음절 어간 뒤에 어미 '-어'를 취하고 모음 'ㅏ, ㅐ, ㅗ'를 가진 1음절 어간 뒤에 어미 '-아'를 취하는데, 어간말이 'ㅸ'이었던 2음절 어간 뒤에 모두 어미 '-아'를 취한다.

의 경우 어간 모음이 'ㅏ, ㅗ, ㅐ'일 때 '아'계 어미가 선택되고, 그 이외의 경우는 '어'계 어미가 결합된다. 어간이 다음절인 경우, 어간 말음절 모음이 'ㅏ, ㅗ, ㅐ'일 때, 어간 말음절 모음이 'ㅡ'이며 선행 음절의 모음이 양성모음일 때에는 '아'계 어미가 선택된다. 그리고 어간 말음절 모음이 'ㅜ'일 때는 대부분 '-아'계 어미가 결합되는 것도 확인된다.

4.1.7. 모음의 완전 순행 동화

완전 순행 동화 또는 모음의 완전 순행 동화는 뒤에 오는 모음이 앞에 있는 모음과 동일하게 바뀌는 현상이다. 여러 방언에서 일어나는 모음의 완전 순행 동화는 모음 'ㅐ, ㅔ'로 끝나는 용언 어간 뒤에 모음으로 시작되는 어미가 결합할 때 적용된다. 안악 지역어에서는 이처럼 모음 'ㅐ, ㅔ'로 끝나는 용언 어간 뒤에 '아/어'계 어미가 결합될 때 일어나는 동화 이외에, 후음으로 끝나는 용언 어간 뒤에 '으'계 어미가 결합될 때도 동화 현상이 일어난다.

우선 'ㅐ, ㅔ'로 끝나는 어간 뒤에 모음으로 시작되는 어미가 결합된 예들을 관찰한다.

(31) ㄱ. 내-(出) + -아서 → 내**애**서 → 내:서
　　　빼-(扒) + -아서 → 빼**애**서 → 빼:서
　　ㄴ. 메-(擔) + -어서 → 메**에**서 → 메:서
　　　쎄-(强) + -어서 → 쎄**에**서 → 쎄:서

(32) 만내-(逢) + -아서 → 만내**애**서 → 만내서
　　　쪼개-(析) + -아서 → 쪼개**애**서 → 쪼개서

(31)은 'ㅐ, ㅔ'로 끝나는 단음절 어간 뒤에 '아/어'계 어미가 결합된 것이고 (32)는 'ㅐ'로 끝나는 다음절 어간 뒤에 '아'계 어미가 결합된 예들이다. 앞에서 이미 살펴보았듯이 위에 제시된 활용형으로부터 어간 뒤에 '어'계 어미가 선택되는지 '아'계 어미가 결합되는지 분명하지 않다. 그러나 이때 어미가 '아'계이든 '어'이든 상관없이 모두 어간의 모음에 의해 동화된다. 한편, (31)에서 보듯이 1음절 어간의 경우 모음의 완전 순행 동화가 일어난 후에 장모음화가 일어난다.[21] 이진호(2015:191), 이진호(2017:159) 등에 따르면 모음의 완전 순행 동화가 일어난 후에 장음이 생긴 것은 단순한 모음 탈락이나 모음 축약에 의한 것이 아니고 같은 모음이 연속된 결과로 보는 것이 더 타당하다.[22] 그 이유는 용언 어간 '가-(去)', '쓰-(苦)' 뒤에 '-어서'가 결합될 때 각각 '가서', '써서'로 실현된 것처럼 동일 모음 탈락 또는 모음 탈락이 일어나더라도 보상적 장음이 생기지 않기 때문이다.

한편, 金完鎭(1972:278)에서는 '닿-(觸)', '짓-(造)' 뒤에 어미 '-으며'가 결합될 때 어간말의 'ㅎ'탈락을 거쳐 각각 '다:며', '지:며'로 실현되는 예들이 제시된 바가 있다. 李秉根(1978:23)에서는 '놓-으면→노:면', '낫-으면→나:면'에서의 수의적인 장모음화를 자음탈락에 동기화된 후에 '으'의 탈락에 대한 보상으로 보았다. 崔明玉(1988:49)에서는 '닿-으며'가 '다:며'로 실현된 것은 'ㅎ'으로 끝나는 용언 어간이 '으'로 시작되는 어미와 결합되면 어간말의 'ㅎ'이 탈락된 후에 어미의 '으'는 어간의 모음에 의해

21　여기의 장음이 '내:-, 빼:-, 메:-, 쎄:-'에서처럼 어간 기저형에 있는 장음을 그대로 노출할 수도 있다. 앞에서 언급했듯이 음장에 대한 조사가 체계적으로 이루어지지 못했기 때문에 여기서는 최종 음성형에 있는 장음만을 표기하기로 한다.

22　배주채(1998:118), 金鳳國(2002:153) 등에서는 '내애서 → 내:서'의 현상을 동모음축약 또는 축약으로 보았다.

동화되기 때문이라고 한다. 또한, 이진호(2015:191)에서는 빠른 속도의 발화에서 용언 어간 '놓-'과 어미 '-으니'의 결합이 '노:니'로 수의적으로 실현되는 것은 모음의 완전 순행 동화가 수의적으로 적용된 결과로 보았다.

안악 지역어에서 후음으로 끝나는 용언 어간 뒤에 '으'계 어미가 결합될 때 어미에서의 '으'가 어간의 모음에 의해 동화되는 예들은 다음과 같다.

> (33) 낳-(産) + -으문 → 나으문 → 나**아**문 → 나:문
> 　　　놓-(放) + -으문 → 노으문 → 노**오**문 → 노:문

(33)은 'ㅎ'으로 끝나는 1음절 어간의 경우인데 여기서 보듯이 어간 뒤에 '으'계 어미가 결합될 때 후음탈락, 모음의 완전 순행 동화가 적용된다.

이상에서 살펴본 바와 같이, 안악 지역어에서 확인되는 모음의 완전 순행 동화 현상에는 두 가지가 있다. 하나는 모음 'ㅐ, ㅔ'로 끝나는 용언 어간 뒤에 '아/어'계 어미가 결합될 때 어미의 모음 'ㅐ, ㅔ'가 어간의 모음에 의해 동화되는 것이고, 다른 하나는 후음으로 끝나는 일부 용언 어간 뒤에 '으'계 어미가 결합될 때 어미의 모음 'ㅡ'가 어간의 모음에 의해 동화되는 것이다.

4.1.8. 활음화

활음화는 다른 단모음 앞에서 단모음이 음성적으로 유사한 활음으로 바뀌는 현상인데 'ㅣ'나 'ㅗ, ㅜ'로 끝나는 용언 어간 뒤에 '아/어'로 시

작되는 어미가 결합될 때 각각 'j'활음화 및 'w'활음화가 일어난다. 즉 'ㅣ'에 활음화가 적용되면 'j'로 실현되고, 'ㅗ, ㅜ'에 활음화가 적용되면 'w'로 바뀐다. 여기서는 'j'활음화를 논의한 후에 'w'활음화 현상을 살펴본다.[23]

4.1.8.1. 'j'활음화

활음화는 주로 활용에서 일어나고 곡용에서 잘 일어나지 않는 현상인데 경주 지역어를 대상으로 한 崔明玉(1982:108-109)에서는 곡용에서의 'j'활음화가 최초로 보고되었다. 즉 모음 'ㅣ'로 끝나는 체언 어간 뒤에 처격 조사 '-에'가 결합할 때 곡용에서의 'j'활음화가 일어난다는 것이다. 郭忠求(1994ㄱ:147-150), 金鳳國(2002:123-128), 金春子(2007:104-105) 등에 의하면 함북 육진, 강원도 남부, 함남 삼수 등 지역의 방언에서도 곡용에서의 'j'활음화 현상이 확인된다.[24]

소수의 예들이지만 이러한 곡용에서의 'j'활음화는 안악 지역어에서도 존재한다.

> (34) ㄱ. 사이(間) + -에 → 사**예**
> 　　ㄴ. 소리(音) + -에 → 소**례** → 소레
> 　　　　객지(客地) + -에 → 객**졔** → 객제
> 　　ㄷ. 평시(平時) + -에 → 평**셰**~평세

23　여기서는 최소연(2019)에서 다루지 못한 'j'활음화 관련 내용을 보완한다.
24　이 부분에서는 崔小娟(2018)에서 다루지 못한 내용을 보완한다. 鄭承喆(1995:62)에 의하면 제주도 방언의 경우 곡용에서의 'j'활음화 실현 환경이 되지만 활음화 대신에 'j'활음 첨가가 수의적으로 실현된다(예: 머리에~머리예).

(34)는 'ㅣ'로 끝나는 2음절 체언 어간 뒤에 처격 조사 '-에'가 통합한 예들이다. (34ㄱ)에서 보듯이 'ㅣ'에 선행하는 자음이 없는 경우 'j'활음화가 일어나 '예'로 실현된다. (34ㄴ)은 'ㅣ' 앞에 선행 자음이 있는 경우인데 여기서는 'j'활음화가 일어난 후에 'j'탈락이 일어난 것으로 여겨진다. 한편, (34ㄷ)에서와 같이 'ㅣ' 앞에 선행 자음이 있는 경우 'j'활음화만 적용된 형태로 실현되기도 'j'활음화 및 'j'탈락이 모두 적용된 형태로 나타나기도 한다.

이상으로 안악 지역어에서 모음 'ㅣ'로 끝나는 2음절 체언 어간 뒤에 처격 조사 '-에'가 통합할 때 'j'활음화가 일어나는 것이 확인되는데 이러한 곡용에서의 'j'활음화는 수의적인 현상임을 밝혀둔다.

이어서 활용에서의 'j'활음화 현상을 살펴본다. 황해도 방언의 'j'활음화를 다룬 논의는 많지 않다. 金英培(1981:35)에서 형태소 경계에서의 이중모음 '여' 앞에 자음을 선행시키는 예들을 제시한 것으로 보면, 황해도 방언에서 개음절 용언 어간의 모음 'ㅣ'가 어미 '-어'와 결합하면 'j'활음화가 일어나 '여'로 실현된 것을 확인할 수 있다.[25] 최명옥(1995:171)에서는 'Xi-+-어Y'의 음성형이 전국적으로 'jə'형, 'e'형, 'i'형으로 실현되는데 황해도 방언의 경우 대체로 'jə'형으로 나타난다고 한다. 또한, 곽충구(2001:410)에 따르면 황해도 방언에서는 개음절 용언 어간의 모음이 'ㅣ'일 때 어미 '-어'가 연결되면 'j'활음화가 필수적으로 일어난다.

한편, 최명옥(1995), 金鳳國(2002), 이상신(2007), 박보연(2012) 등에서 어간의 음절수, 어간 말음절의 초성의 유무, 초성의 종류 등에 따라 한국어 방언에서의 'j'활음화 실현 양상이 달라진다는 사실이 밝혀진 바가

---

25 황해도 방언의 'j'활음화 현상을 직접 다룬 것이 아니지만 金英培(1981:35)에서 '맡기었다, 밀리어가다'가 '매겼다, 밀려가다'로 실현된다는 내용이 있다.

있다.[26] 여기서는 용언 어간의 음절수를 고려하여, 'ㅣ'모음 앞에 선행 자음이 없는 경우, 선행 자음이 'ㅈ, ㅉ, ㅊ'인 경우 및 'ㅈ, ㅉ, ㅊ' 이외의 경우를 나눠서 '어'계 어미와의 활용 양상을 살펴본다.

우선, 모음 'ㅣ'로 끝나는 단음절 어간 뒤에 '어'계 어미가 결합된 예들을 관찰한다.

> (35) ㄱ. 이-(戴) + -어 → 이여 → 이에 → **예**:
>   ㄴ. 지-(負) + -어 → **져** → 제
>   찌-(蒸) + -어 → **쩌** → 쩨
>   치-(打) + -어서 → **쳐**서 → 쳐서
>   ㄷ. 비-(空) + -어 → 비여
>   피-(發) + -어 → **펴**:→ 페:~피여
>   타-(打) + -어서 → **텨**서 → 테서
>   시-(酸) + -어 → **셔**: → 세:~셔:
>   기-(匍) + -어 → **겨**: → 게:~겨:
>   끼-(挾) + -어서 → **껴**:서 → 께서:~껴:서

(35)는 'ㅣ'말음 어간에 '어'계 어미가 결합된 예들이다. (35ㄱ)은 'ㅣ' 앞에 선행 자음이 없는 경우, (35ㄴ)은 선행 자음이 'ㅈ, ㅉ, ㅊ'인 경우, (35ㄷ)은 선행 자음이 'ㅈ, ㅉ, ㅊ' 이외의 자음인 경우인데 이때 이들을 통하여 '(C)i-+-əY' 결합이 'je:', 'C1e', 'C2ijə', 'C3jə:', 'C3e:' 또는 공존형태로 실현되는 것이 확인된다. 여기서 'C1'은 치조음 'ㅈ, ㅊ, ㅉ' 및 'ㄷ'구개음화를 겪지 않은 'ㅌ'이고, 'C2'는 양순음 'ㅂ'이고, 'C3'은 주로 그 이외의 자음들이다. 이 중에 'C3jə:'는 'j'활음화에 의한 결과이고

---

26 서울 지역어를 대상으로 한 박보연(2012)에서는 어간의 형태음운론적 조건 외에 어미 '-어(Y)'의 음절수와 문법 범주도 함께 고려해서 '(X)i-어(Y)' 활용형의 공존 양상을 다루 었다.

1음절 어간이므로 활음화에 수반된 보상적 장음화도 일어난다. 한성우 (2006:150), 이금화(2007:171), 金春子(2007:107) 등에 의하면, 'je:'의 실현은 (35ㄱ)에서 보여준 것처럼 'j'첨가, '여'축약, 'j'활음화 및 활음화에 따른 보상적 장음화를 거친 것이다.[27] 여기서 제1단계에서 'j'활음화가 일어나지 않고, 'j'첨가가 적용된 것은 (30ㄷ)의 '비-, 피-' 뒤에서도 적용된다.[28] 또한, 최명옥(2001:237), 이금화(2007:209), 金春子(2007:143) 등에 의하면 'C3e:'는 (35ㄷ)의 '피-(發)+-어→펴:→페:'에서와 같이 'j'활음화 및 활음화에 따른 보상적 장음화, '여'축약이 일어난 것이다. 그러므로 (35ㄴ)의 활용형 및 (35ㄷ)의 '테서'는 'j'활음화, '여'축약을 경험한 결과이다.

다음으로 모음 'ㅣ'로 끝나는 다음절 어간에 '어'계 어미가 결합될 때의 'j'활음화 실현 양상을 살펴본다.

(36) ㄱ. 고이-(淳) + -엇다 → 고**엳**따
　　　쏘이-(風) + -어 → 쏘이여 → 쏘이에 → 쏘**예**
　　　보이-(示) + -어 → 보**여**~보**예**
　　ㄴ. 미치-(狂) + -어서 → 미**쳐**서
　　　찌지-(烙) + -어 → 찌**져** → 찌제
　　　언치-(餉) + -어서 → 언**쳐**서 → 언체서~언쳐서
　　ㄷ. 재피-(被執) + -어 → 재**펴** → 재페~재펴
　　　빠디-(沒) + -어 → 빠**뎌** → 빠데

27　위 과정을 인정한다면 형태소 경계에서의 '여→에' 축약도 인정해야 한다. 후술하겠지만 이 책은 형태소 경계에서 일어나는 '여'축약을 공시적인 음운 현상으로 다룰 예정이다. 또한, '이-어'가 '예:'로 실현되는 과정에 대하여 다음과 같은 주장 및 가능성도 제기되어 왔다.
　① '어'전설화 및 'j'활음화를 거친 것. 예: 이:-어→이:에→예:(배주채 1998:120).
　② 'j'활음화 및 '여→예' 교체를 거친 것. 예: 이-어서→여:서→예:서(한성우 2006:150).
28　중세 한국어 자료에서 '이-어' 결합이 '이여'로 실현된 것에 대하여 최명옥(1995:173)에서는 '이여'는 동사 어간 '이-'를 분명히 하려는 화자의 의도에 의해 형성된 것으로 보았다.

마시-(飮) + -어 → 마**셔** → 마세~마셔
걸리-(罹) + -어 → 걸**려** → 걸레~걸려
댕기-(行) + -어두 → 댕**겨**두 → 댕게두~댕겨두

(36)은 ' ㅣ '말음 다음절 어간에 '어'계 어미가 결합된 예들인데 (36ㄱ) 은 ' ㅣ ' 앞에 선행 자음이 없는 경우, (36ㄴ)은 자음이 'ㅈ, ㅉ, ㅊ'인 경우, (36ㄷ)은 자음이 'ㅈ, ㅉ, ㅊ' 이외인 자음인 경우이다. 우선 (36)에서 보듯이 다음절 어간일 때에는 ' ㅣ '에 선행하는 자음과 관계없이 'j'활음화가 모두 일어나는 것이 확인된다. 위의 활용형을 통하여 '(C)i-+ -əY' 결합이 'je', 'Cjə', 'Ce' 또는 이들의 공존형태로 실현되는 것을 알 수 있다. 한편, (36ㄱ)의 'je'는 ' ㅣ '에 선행하는 자음이 없을 때 'j'첨가, '여'축약, 'j'활음화를 거친 결과이다.[29]

안악 지역어에서는 ' ㅣ '모음을 가지며 후음으로 끝나는 1음절 어간 뒤에 어미 '-어'가 결합되는 과정에서 'j'활음화가 일어난다.

(37) 넣-(放入) + -어서 → 니어서 → **녀**:서 → 네:서
     띃-(搗) + -어서 → 띠어서 → **뗘**:서 → 뗴:서

(37)에서 보듯이 어간말의 'ㅎ'이 모음 어미 앞에 탈락되어 'j'활음화가 일어날 환경이 조성되므로 'j'활음화 및 보상적 장음화, '여'축약이 적용된다.

지금까지 살펴본 바를 종합하면 안악 지역어에서 '(C)i-' 어간에 '어'

---

29 강원도 남부 방언을 대상으로 한 金鳳國(2002:136-138)에 의하면 위와 같이 '이'로 끝나는 2음절 어간과 '어'계 어미의 활용형에서 출현된 'X예'를 'j'활음화, '여'축약, 'j'활음 첨가 등이 차례대로 일어난 결과로 보았다.

계 어미가 결합될 때 1음절 어간 '비-(空)' 이외의 경우, 어간의 음절수
와 관계없이 'j'활음화가 필수적으로 일어나고, 또 어간이 1음절일 때 'j'
활음화에 따른 보상적 장음화도 적용된다. 아울러 'j'활음화의 실현 양상
은 'je'형, 'Cjə'형, 'Ce'형, 'je~jə'형, 'Cjə~Ce'형, 'Ce~Cijə'형 등으
로 보다 수의적으로 다양하게 실현된다. 이는 육진('Cje'형), 동북('je'형,
'Ce'형, 'Cə'형), 평안도('je'형, 'Ce'형) 등 방언에서 나타나는 규칙적인 'j'활
음화 실현 양상과 대조적이다.[30] 한편, 활용에서의 'j'활음화 실현 양상
은 특이성에서 볼 때는 평안도 방언에 더 가깝고 다양성에서 볼 때 서울
지역어를 중심으로 하는 경기도 방언과 비슷하다고 말할 수 있겠다.[31]

4.1.8.2. 'w'활음화

곽충구(2001:410)에 따르면 황해도 방언에서 개음절 용언 어간의 모음
이 'ㅗ, ㅜ'일 때 '-아Y/-어Y'류 어미가 연결되면 'w'활음화가 필수적으
로 일어난다. 안악 지역어에서는 이처럼 활용에서의 'w'활음화 현상만
이 확인된다.

한편, 金鳳國(2002:139-146)에서 어간의 음절수, 어간 말음절에 초성의
유무 및 초성의 종류에 따라 강원도 남부지역 방언에서의 'w'활음화 실
현 양상을 다룬 바가 있다. 이에 따라 여기서는 어간의 음절수를 고려하
여, 'ㅗ, ㅜ' 말음 어간에 '아/어'계 어미가 결합될 때 'w'활음화의 실현

---

30   이에 관련된 예들은 郭忠求(1994ㄱ:141-142), 金春子(2007:105-106), 한성우(2006:
      103), 이금화(2007:169-172) 등에서 확인할 수 있다.
31   유필재(2001:192-194), 박보연(2012:180), 김봉국(2006:271) 등에서는 'iə'형, 'jə'형,
      'iə~jə'형, 'ijə'형, 'Cjə'형, 'Cə'형, 'Cə~Ciə'형, 'Cɥə'형 등 다양한 활용형을 확인할
      수 있다.

양상을 살펴본다.

우선, 'ㅗ, ㅜ'로 끝나는 단음절 어간 뒤의 'w'활음화 예들을 관찰한다.

(38) ㄱ. 오-(來) + -아두 → **와**두
　　 ㄴ. 보-(見) + -아두 → **봐**:두 → 바:두
　　 ㄷ. 쏘-(疱) + -아서 → **쏴**:서
　　　　 꼬-(糺) + -아서 → **꽈**:서

(39) 두-(置) + -어 → 두어~**둬**:
　　 주-(給) + -어 → 주어~**줘**:~조:
　　 쑤-(粥) + -어서 → **쒀**:서
　　 꾸-(貸) + -어서 → **꿔**:서

(38)은 어간 말음이 'ㅗ'인 경우인데 이때 'ㅗ'에 선행하는 자음과 관계없이 'w'활음화가 필수적으로 일어난다. 다만, (38ㄱ)의 '오-'에 '-아두'가 결합되어 'w'활음화에 따른 보상적 장음이 생기지 않는다.[32] (38ㄴ-ㄷ)에서처럼 'ㅗ'에 선행 자음이 있으면 'w'활음화 한 후에 보상적 장음화가 적용되는데 (38ㄴ)의 경우 선행하는 자음이 양순음일 때 'w'활음화가 일어난 후에 'w'가 다시 탈락하게 된다. (39)는 어간 말음이 'ㅜ'인 경우 이때 'w'활음화가 수의적으로 실현되는 경우가 있는데, 'w'활음화가 일어나면 보상적 장음화도 적용된다. 여기서 '조:'의 실현은 '주-+-어' 결합에 'w'활음화가 적용된 후에 'ㅝ→ㅗ' 축약이 일어난 것으로 볼 수 있다(최명옥 1982:113-114).

32　중부 방언의 경우 '오-' 뒤에 어미 '-아'가 결합되면 'w'활음화만 일어나고 보상적 장음이
　　 없는데 음장을 가진 일부 방언에서는 '와:'로 실현되는 경우가 있다. 특히 음장을 가진
　　 전남 방언의 경우 화순(정인호 1995:53-54), 영암(이상신 2007:144) 등 지역에서 '오-아'
　　 결합은 'w'활음화에 이어 보상적 장모음화가 수반된다.

다음으로 'ㅗ, ㅜ'로 끝나는 다음절 어간에 '아/어'계 어미가 결합된 예들을 살펴본다.

(40) ㄱ. 나오-(出來) + -아두 → 나**와**두
　　　개오-(賣) + -아 → 개**와**
　　ㄴ. 깔보-(蠂) + -아 → 깔**봐** → 깔바
　　　테다보-(肝) + -아 → 테다**봐** → 테다바

(41) ㄱ. 외우-(誦) + -아서 → 외**와**서
　　　싸우-(鬪) + -어서 → 싸**와**서~싸**워**서
　　　세우-(竪) + -어 → 세**워**
　　ㄴ. 고우-(麗) + -아서 → 고**와**서
　　　반가우-(歡) + -어서 → 반가**와**서~반가**워**서
　　　추우-(寒) + -어 → 추**와**~추**워**
　　　기우-(補) + -어서 → 기**워**서
　　ㄷ. 맞추-(调) + -어서 → 맞**춰**서
　　　잡수-(食) + -어서 → 잡**쏴**서~잡**쒀**서
　　　절쿠-(醅) + -어서 → 절**쿼**서

　(40)은 'ㅗ' 말음 어간, (41)은 'ㅜ' 말음의 경우인데, 여기서 보듯이 다음절 어간일 때 'w'활음화가 필수적으로 일어난다. (40)에서는 'ㅗ' 말음 어간 뒤에서 늘 'wa'형으로 실현되는 것이 확인된다. 다만 선행 자음이 양순음일 때에는 (40ㄷ)에서와 같이 'w'활음화가 일어난 후에 'w'가 탈락한다. (41ㄱ-ㄴ)과 (41ㄷ)은 각각 선행 자음이 없는 경우와 선행 자음이 있는 경우인데 이 중 (41ㄴ)은 'ㅂ'불규칙 활용을 하는 복수 기저형 /X{ㅂ-우}-/류 용언 어간이다. (40)을 통하여 선행하는 자음에 크게 관계없이 'ㅜ'말음 어간인 경우 'w'활음화의 결과가 'wa', 'wə' 또는 이들의 공존형태로 실현된다는 사실을 알 수 있다. 앞에서 이미 살펴보았

듯이 이는 안악 지역어의 모음 'ㅜ'가 모음조화에서 중립모음의 성격을 띠거나 이전 시기의 모음조화가 현재까지 유지되기 때문에 생긴 결과이다.

이상으로 모음 'ㅗ, ㅜ'로 끝나는 용언 어간에 '아/어'계 어미가 결합될 때 'w'활음화가 확인된다. 이 외에, 모음 'ㅗ'를 가지며 후음으로 끝나는 어간에 '아'계 어미가 결합될 때에도 'w'활음화 현상이 일어난다.

(42) ㄱ. 뽕-(粹) + -아 → 뽀아 → **뽜:** → **빠:**
     ㄴ. 놓-(放) + -아서 → 노아서 → **놔:**서

(43) 내놓-(睹) + -아서 → 내노아서 → 내**놔**서

(42)는 어간 모음이 'ㅗ'이며 'ㅎ'으로 끝나는 단음절 어간, (43)은 다음절 어간의 경우인데, 이때 어간말의 후음이 모음 사이에서 먼저 탈락하여 'w'활음화가 일어날 환경이 조성되므로 'w'활음화가 일어난 것이다. 위에서 보듯이 단음절 어간일 때 보상적 장음화가 적용된다. 한편, (42ㄱ)은 'ㅗ' 앞의 선행 자음이 양순음이기 때문에 'w'활음화가 일어난 후에 'w'가 탈락한다.

이상에서 살펴본 바를 요약하면, 안악 지역어에서 'ㅗ, ㅜ'로 끝나는 용언 어간에 '아/어'계 어미가 결합될 때 'w'활음화가 필수적으로 일어난다. 한편, 'ㅗ' 말음 어간 및 어간 '뽕-(粹), 놓-(放)'일 때에는 모두 'wa'형으로 실현되고, 'ㅜ' 말음 어간일 때에는 'wa'형, 'wə'형 또는 이들의 공존형태로 실현된다.

4.1.9. 치조구개음화

한국어의 여러 방언에서는 단모음 'ㅣ'나 활음 'j' 앞에서 경구개음이 아닌 자음이 경구개음으로 바뀌는 구개음화 현상이 있는데 피동화음의 종류에 따라 'ㄷ'구개음화, 'ㄱ'구개음화, 'ㅎ'구개음화로 나뉘는 것은 이미 잘 알려진 사살이다. 그러나 'ㄷ>ㅈ' 변화에 대하여 구개음화라는 용어 대신에 설면음화(오정란 1999:93, 정인호 2003:34), 치조파열음의 치조파찰음화(郭忠求 2001:247), 치경구개음화(金鳳國 2002:67), 파찰음화(이진호 2015:184) 등 용어들이 제기되어 왔다. 특히 중앙어 및 남한의 방언에서는 치조 파열음인 'ㄷ, ㅌ, ㄸ'이 'ㅣ, j' 앞에서 경구개 파찰음인 'ㅈ, ㅊ, ㅉ'으로 되는 현상을 'ㄷ'구개음화라고 하는데 북한 방언에서는 자음 'ㅈ, ㅊ, ㅉ'의 음가에 따라 이러한 현상을 반영하는 용어가 쟁점이 될 수 있다(이진호 2015:183-184). 안악 지역어에는 자음 'ㅈ, ㅉ, ㅊ'이 치조음으로 실현되므로 'ㄷ, ㅌ'으로 끝나는 체언 어간에 'ㅣ'로 시작되는 조사가 결합될 때 'ㄷ, ㅌ'이 'ㅈ, ㅊ'으로 실현되는 것을 잠정적으로 형태소 경계에서의 치조구개음화 현상이라고 한다.[33]

치조구개음화 현상이 보이는 예들은 다음과 같다.

 (44) 솥(鼎) + -이 → 소**치**
   끝(末) + -이 → 끄**치**

---

33 그러나 앞에서 언급하였듯이 '지, 치' 중의 'ㅈ, ㅊ'이 치조음과 구개음 사이의 음으로 실현되기 때문에 위 현상을 치조구개음화라고 할 수 있을지 재고할 필요가 있다. 한편, 안악 지역에서는 형태소 경계에서의 'ㄱ'구개음화, 'ㅎ'구개음화 현상을 찾아볼 수 없으므로 여기서는 이른바 치조경구개음화 현상만 논의한다.

(44)에서 보듯이 형태소 경계에서의 치조구개음화 현상은 'ㅌ'으로 끝나는 체언 뒤에 주격 조사 '-이'가 결합될 때 찾아볼 수 있다.[34] 'ㄷ' 으로 끝나는 체언 어간 뒤에 '-이'가 결합된 곡용형이 확인되지 않았고, 또 '마디(畝, 맏이), 바디랑(밭이랑)', '가치~가티(부사)' 등 복합어에서나 '뜯-(搗), 테다보-(盱)' 등 형태소 내부에서 볼 수 있듯이 안악 지역어의 치조구개음화 현상의 적용에 제한이 있다는 것을 알 수 있다.

이상으로 안악 지역어에서 'ㅌ'으로 끝나는 체언 어간 뒤에 주격 조사 '-이'가 결합될 때 'ㅌ'이 'ㅊ'으로 실현된다.[35]

4.1.10. 원순모음화

원순모음화는 평순모음 'ㅡ'가 원순성을 가진 자음(ㅁ, ㅂ, ㅃ, ㅍ)의 영향을 받아 원순모음으로 바뀌는 현상이다. 원순모음화가 일어나는 환경에 따라 형태소 내부에서의 원순모음화 및 형태소 경계에서의 원순모음화로 나눌 수 있다. 황해도 방언에서 형태소 내부의 원순모음화 현상에 대하여 金英培(1981:12), 곽충구(2001:411), 황대화(2007:60-73) 등에서는 양순음 뒤에서 모음 'ㅡ'가 'ㅜ'로 되는 원순모음화 및 선행 음절의 원순모음에 의한 원순모음화를 논의한 바가 있다. 황해도 방언을 대상으로 한 기존 연구들은 형태소 내부의 원순모음화 현상에 집중되어 왔는데 여기서는 형태소 경계의 원순모음화 현상을 관찰한다.

---

34 앞에서 논의하였지만 '鼎', '末'의 뜻을 가진 어간이 'ㅅ'으로 끝나는 '솟', '끗'으로 재구조하여 쌍형어 '솥~솟', '끝~끗'으로 존재한다.

35 이 책에서 확인되는 치조구개음화의 예가 많지 않고 이들은 방언 차용이나 방언 접촉의 영향을 받았을 가능성도 있으므로 보충 조사를 통하여 재확인이 필요하다.

우선, 곡용에서의 원순모음화 현상을 살펴본다.

(45) ㄱ. 집(家) + -으루 → 지**부**루
　　　앞(前) + -으루 → 아**푸**루
　　　이름(名) + -으루 → 이르**무**루
　　ㄴ. 집 + -은 → 지**분**~지븐
　　　늪(藪) + -은 → 누**푼**~누픈
　　　이름 + -은 → 이르**문**~이르믄

(45)는 양순음으로 끝나는 체언 어간 뒤에 조사 '-으루', '-은'이 붙은 예들이다. (45)에서 'ㅂ, ㅍ, ㅁ' 뒤에 오는 '으'가 '우'로 되는 원순모음화가 확인되는데 뒤에 오는 조사에 따른 차이가 존재한다. (45ㄱ)에서 양순음 뒤에 '-으루'가 올 때 조사 초의 '으'가 '우'로 되는 원순모음화가 필수적으로 일어나는데, (45ㄴ)의 경우 뒤에 조사 '-은'이 올 때에는 원순모음화가 수의적으로 적용된다. 이러한 차이는 조사에서 비롯된 것으로 추정된다. 즉 양순음 뒤의 '으루'가 '우루'로 실현된 것은 양순음 외에 '으' 뒤의 원순모음 '우'의 영향도 같이 받은 것으로 본다.

다음은 활용에서 관찰된 예들이다.

(46) ㄱ. 굽-(曲) + -으문 → 구**부**문
　　　닙-(被) + -으니까 → 니**부**니까
　　ㄴ. 갚-(報) + -으문 → 가**푸**문
　　　덮-(蓋) + -으문 → 더**푸**문
　　ㄷ. 깜-(沐) + -으니까 → 까**무**니까
　　　숨-(隱) + -으니깐 → 수**무**니깐

(47) ㄱ. 밟-(踏) + -으문 → 발**부**문
　　　짧-(短) + -으문 → 짤**부**문

    ㄴ. 닮-(似) + -으니까 → 달**무**니까

      젊-(少) + 으니까 → 절**무**니까

  (46)에서는 양순음으로 끝나는 어간에 '으'계 어미가 결합될 때 어미에서의 '으'가 '우'로 실현되는 것이 확인된다. (47)은 양순음이 포함된 자음군으로 끝나는 어간의 경우인데, 이때 어말 자음 'ㅂ, ㅁ' 뒤의 '으'도 원순모음화하여 '우'로 나타난다. (46)-(47)에 제시된 현상은 필수적으로 일어나는 것이 아니지만 실현되는 경향이 매우 높다.

  또한, 양순음, 자음군 'ㄽ, ㄼ'으로 끝나는 용언 어간 뒤에 관형형 어미가 결합될 때 원순모음화 예들이 발견된다.

  (48) ㄱ. 닙-(被) + -은# 거 → 니**분** 거

        남-(餘) + -은# 거 → 나**문** 거

        갚-(報) + -을# 게 → 가**풀** 께

     ㄴ. 짧-(短) + -은# 거 → 짤**분** 거

        젊-(少) + 은# 아이 → 절**문** 아이

  (48)은 '닙-, 남-' 및 '짧-', '젊-' 뒤에 관형형 어미 '-은'이 결합된 것인데 여기서 보여주듯 어미 초의 '으'가 어간 말의 양순음의 영향을 받아 '우'로 되는 원순모음화가 일어난다.[36]

  이 외에, 안악 지역어에서는 어간 말음이 양순음이 아니지만 뒤에 결합되는 '으'계 어미의 '으'가 수의적으로 '우'로 실현되는 경우가 있다.

---

36 과거 시제를 나타내는 관형형 어미가 '-은~-언'으로 존재하고 '-언'은 어간 모음의 따라 '-안'으로 실현되는데 해당 예는 다음과 같다.

    ㄱ. 나만 거(남은 거), 달만 거(닮은 거), 뽀안 거(뽑은 거), 도안 거(돋은 거).

(49) ㄱ. 죽-(死) + -은# 거 → 주**군** 거~주근 거
　　ㄴ. 굵-(太) + -은# 거 → 굴**군** 거~굴근 거
　　　　닮-(短) + -은# 거 → 딸**군** 거~딸근 거

(49)는 모음 'ㅜ'를 가지며 양순음이 아닌 자음으로 끝나는 어간 '죽', 자음군 'ㄹㄱ'으로 끝나는 어간 '굵-', '닮-(短)' 뒤에 관형형 어미 '-은'이 결합된 예들이다. (49)에서 보듯이 어간 모음 'ㅜ'와 '-은' 사이에 연구개음 'ㄱ'이 개재할 때 '으'가 '우'로 수의적으로 실현되는 원순모음화 현상이 일어난다.

4.2. 탈락

탈락 현상에서는 우선 후음 탈락, 유음 탈락, 자음군단순화 등 자음의 탈락 현상을 살펴본 후에 활음 탈락 및 '으'탈락, '이'탈락, 동일 모음 탈락 등 모음의 탈락 현상을 논의한다.

4.2.1. 후음 탈락

일반적으로 공시적인 후음 탈락은 'ㅎ'으로 끝나는 용언 어간 뒤에 모음으로 시작되는 문법 형태소가 결합할 때 'ㅎ'이 탈락하는 현상이다. 한편, 황해도 방언의 후음 탈락 현상에 대하여, 황대화(2007:135)에서는 받침 'ㄱ, ㅅ(ㄷ), ㅂ' 뒤에 오는 'ㅎ'이 잘 발음되지 않는다고 하고, 장승익(2018:42)에서는 어근에 접미사 '-하다'가 결합될 때 접미사의 'ㅎ'이 대부분 탈락한다고 한다. 안악 지역어에서는 활용에서의 후음 탈락이 있고

곡용 및 '어근-하다' 파생어에서의 후음 탈락 현상도 존재한다.

먼저 장애음으로 끝나는 어근과 접미사 '-하다' 사이에 일어나는 후음 탈락 현상을 관찰한다.

> (50) ㄱ. 복잡-하다 → 복짜**빠**다(복잡하다)
>   밥-하다 → 바**빠**다(밥하다)
>   ㄴ. 깨끗-하다 → 깨끄**따**다(깨끗하다)
>   못-하다 → 모**따**다(못하다)
>   ㄷ. 모욕-하다 → 모요**까**다(목욕하다)
>   비슷-하다 → 비스**까**다(비슷하다)

(50)은 장애음 'ㅂ', 'ㅅ', 'ㄱ'으로 끝나는 어근 뒤에 접미사 '-하다'가 붙은 예들인데 이때 접미사에서의 'ㅎ'이 탈락된다. (51ㄴ)에서 어근 말의 자음 'ㅅ'이 평파열음 'ㄷ'으로 바뀐 후에 'ㅎ'이 탈락한 것을 알 수 있다.[37]

다음은 곡용에서의 후음 탈락을 보여주는 예들을 살펴본다.

> (51) ㄱ. 차떡(찰떡) + -하구 → 차떠**까**구
>   남쪽(南邊) + -하구 → 남쪼**까**구
>   ㄴ. 밥(飯) + -하구 → 바**빠**구
>   집(家) + -하구 → 지**빠**구
>   ㄷ. 옷(服) + -하구 → 오**따**구

(51)은 장애음 'ㄱ, ㅂ, ㅅ'으로 끝나는 체언 어간 뒤에 조사 '-하구'가 결합된 예들인데 이때 조사 첫음절의 초성 'ㅎ'이 탈락한다. 한편, (51ㄷ)

---

37 한편, '야곤(約婚, 약혼), 추가(祝賀, 축하)' 등처럼 형태소 내부에서의 'ㅎ'이 탈락하는 경우도 존재한다.

에서 보듯이 어간말 자음 'ㅅ'이 평파열음한 후에 'ㅎ'이 탈락한 것이다. 다음은 활용에서의 후음 탈락에 대해 논의한다.

> (52) ㄱ. 낳-(産) + -어서 → **나**아서 → 나ː서
> 좋-(好) + -어서 → **조**아서 → 조와서
> ㄴ. 낳-(産) + -으문 → **나**으문 → 나아문 → 나ː문
> 좋-(好) + -으문 → **조**으문 → 조오문 → 조ː문
> ㄷ. 좋-(好) + -은데 → **조**은데

> (53) ㄱ. 싫-(嫌) + -어서 → **시**러서
> 앓-(瘵) + -엇어 → **아**라서
> 많-(多) + -어 → **마**나
> 꿇-(跪) + -엇다 → **꼬**럳따
> ㄴ. 싫-(嫌) + -으문 → **시**르문
> 많-(多) + -으니께 → **마**느니께
> ㄷ. 많-(多) + -은데 → **마**는데

(52)는 'ㅎ' 말음 용언 어간, (53)은 'ㅎ'이 포함되는 자음군으로 끝나는 어간 에 모음으로 시작되는 어미가 결합된 예들인데 여기서 어간말의 'ㅎ'이 모두 탈락한다.

이상에서 살펴본 바와 같이, 안악 지역어의 후음 탈락 현상은 형태소 내부에서 일어나는 것과 형태소 경계에서 일어나는 것으로 나뉜다. 형태소 내부의 후음 탈락은 장애음으로 끝나는 어근에 접미사 '-하다'가 붙을 때 'ㅎ'이 탈락하는 것이다. 형태소 경계의 후음 탈락은 다시 곡용에서의 후음 탈락 및 활용에서의 후음 탈락으로 나뉘는데 장애음으로 끝나는 체언 어간 뒤에 'ㅎ'계 조사가 결합될 때 조사 첫음절의 초성 'ㅎ'이 탈락하고, 용언 어간 말의 'ㅎ'이 모음 어미 앞에 탈락한다.

4.2.2. 유음 탈락

일반적으로 말하는 유음 탈락은 어간말의 'ㄹ'이 특정 환경에서 탈락하는 현상이다. 金完鎭(1972:281)에서는 용언 어간말의 'ㄹ'이 'ㄴ, ㅅ' 등과 같은 [+설정성] 계열의 자음 앞에서 탈락하는 것을 밝혔고 이병근(1981)에서는 유음 탈락의 기제에 따라 이 현상을 음성적 제약에 의한 것, 음절 구조 제약에 의한 것, 형태론적 제약에 의한 것으로 세분하여 논의하였다. 안악 지역어에서는 용언 어간말 'ㄹ'이의 음성적 제약에 의한 탈락 현상, 음절 구조 제약에 의한 탈락 현상이 나타난다.

우선, 음성적 제약에 의한 유음 탈락을 살펴본다.

>(54) ㄱ. 알-(知) + -누나 → **아**누나
>   벌-(嬴) + -누나 → **버**누나
>   ㄷ. 알-(知) + -나? → **아**나?
>   멀-(遠) + -니? → **머**니?
>   ㄴ. 알-(知) + -는# 사람 → **아**는 사람
>   벌-(嬴) + -는# 집 → **버**는 집

(54)는 'ㄹ'로 끝나는 용언 어간에 'ㄴ'계 어미가 결합되어 어간말의 'ㄹ'이 탈락한 예들이고 여기서 보듯이 'ㄴ' 앞에서 'ㄹ'이 필수적으로 탈락한다.

다음은 음절 구조 제약에 의한 유음 탈락을 관찰한다.

>(55) ㄱ. 알-(知) + -으니까 → 알니까 → **아**니까
>   길-(長) + -으니까 → 길니까 → **기**니까
>   들-(入)+ -으시라요 → 들시라요 → **드**시라요
>   ㄴ. 알-(知) + -은다 → 알ㄴ다 → **안**다

살-(活) + -은# 거 → 살ㄴ 거 → **산** 거
멀-(遠) + -은# 데→ 멀ㄴ 데 → **먼** 데

(55)는 'ㄹ' 말음 어간에 '으'계 어미가 결합될 때 어미의 '으'가 탈락한 후에 어간말의 'ㄹ'탈락이 적용된 예들이다. 이병근(1981:233-234)에 따르면 어미의 음절 구조를 고려할 때 (55ㄱ)의 '-으니까, -으시라요'를 '으'의 개음절 구조, (55ㄴ)의 '-은다, -은, -은데'를 '으'가 포함되는 폐음절 구조로 분류할 수 있다. (55ㄱ)의 경우 '으'탈락에 이어 'ㄹ'이 자음 'ㄴ, ㅅ' 앞에서 탈락하는 음성적 환경이 조성된 것이다. (55ㄴ)의 경우 '으'가 탈락한 후의 'ㄹ'탈락은 자음군 'ㄹㄴ'을 가진 중간 구조를 음절 구조상의 제약에 의해 단순화시킨 결과이다. (55)에 제시된 활용형에 따르면 '으'계 어미의 '으'탈락 뒤에 이은 유음 탈락도 필수적으로 일어난다는 것이 확인된다. 후술하겠지만 이러한 '으'탈락에 이은 유음 탈락은 '으'의 탈락 여부에 따라 필수적으로 또는 수의적으로 적용된다.

4.2.3. 자음군단순화

일반적으로 한국어의 자음군단순화는 음절말에 두 개의 자음이 올 때 그 중 하나를 탈락시키는 음운 현상이다.[38] 음절말에 하나의 자음만이 실제 발음 가능하다는 한국어의 음절 구조 제약이 있으므로 적용 환경이 조성되면 자음군단순화가 항상 일어난다. 이진호(2010ㄴ:563)에 따르

---

38 金鳳國(2002:72)에서는 넓은 의미로 한국어의 자음군을 어두 자음군과 어간말 자음군으로 나누고, 어간말 자음군은 다시 자음군단순화가 적용될 수 있는 자음군과 자음군단순화가 적용될 수 없는 자음군으로 나눈 바가 있다.

면 자음군단순화의 적용 환경은 체언과 용언의 어간말 자음군이 자음으로 시작되는 문법 형태소나 모음으로 시작되는 어휘 형태소와 결합할 때 뒤에 휴지가 오는 경우 및 후행하는 형태소와의 결합 과정에서 음절 말에 자음군이 만들어지는 경우로 나뉜다. 앞의 유음 탈락 부분에서 논의한 예 (55ㄴ)의 경우는 후자에 해당되고 여기서는 자음군단순화의 가장 전형적인 유형, 즉 체언과 용언의 어간말 자음군의 단순화 현상을 살펴본다.

앞에서 이미 살펴보았는데 안악 지역어에서 체언 어간말에 올 수 있는 자음군은 'ㄱㅆ, ㅂㅆ, ㄹㄱ, ㄹㅁ, ㄹㅂ' 총 5개가 있고 용언 어간말에 놓일 수 있는 자음군은 'ㅂㅆ, ㄹㅎ, ㄴㅈ, ㄹㄱ, ㄹㅁ, ㄹㅂ, ㄹㅌ, ㄹㅎ' 등으로 총 8개가 있다. 한편, 金鳳國(2002:72), 김수영(2014:11) 등에서는 어간말 자음군에서 선행 자음의 조음방법에 따라 장애음이 선행하는 자음군, 비음이 선행하는 자음군, 유음이 선행하는 자음군 등을 통해 한국어 방언에서의 어간말 자음군 목록을 확인한 바가 있다. 이에 따라 안악 지역어의 어간말 자음군 목록을 제시하면 다음과 같다.

〈표 1〉 안악 지역어의 어간말 자음군 목록

선행 자음	장애음			비음	유음	
	ㄱ 선행	ㅂ 선행		ㄴ 선행	ㄹ 선행	
어간	체언	체언	용언	용언	체언	용언
자음군	ㄱㅆ	ㅂㅆ		ㄹㅎ, ㄴㅈ	ㄹㄱ, ㄹㅁ, ㄹㅂ	
						ㄹㅌ, ㄹㅎ

여기서는 장애음이 선행하는 자음군 'ㅂㅆ, ㄱㅆ', 비음이 선행하는 자음군 'ㄴㅈ, ㄹㅎ', 유음이 선행하는 자음군 'ㄹㄱ, ㄹㅂ, ㄹㅌ, ㄹㅎ, ㄹㅁ'의 순서로 어간말의 자음군단순화 실현 양상을 살펴본다.

① 장애음이 선행하는 자음군 'ㅂㅆ, ㄱㅆ'의 단순화

먼저 자음군 'ㅂㅆ'의 단순화 실현 양상을 살펴본다.

(56) ㄱ. **갑**(價)

　　ㄴ. 갑ㅆ + -두 → **갑**두 → 갑뚜

　　　 갑ㅆ + -만 → **갑**만 → 감만

(57) ㄱ. **업**따(無)

　　ㄴ. 업ㅆ- + -구 → **업**구 → 업꾸

　　　 업ㅆ- + -는데 → **업**는데 → 엄는데

(56), (57)은 각각 자음군 'ㅂㅆ'으로 끝나는 체언, 용언 어간의 자음군단순화를 보여준 예들이다. (56ㄱ)은 명사 '갑ㅆ'의 단독형 음성 실현이고 (56ㄴ)은 '갑ㅆ' 뒤에 '-두', '-만'이 결합된 것이다.[39] (56)에서 확인하듯이 단독형인 '갑ㅆ'의 음성 실현 및 뒤에 자음으로 시작되는 조사가 결합될 때 자음군 'ㅂㅆ' 중에 'ㅆ'이 탈락된다. (57ㄱ)은 형용사 '업ㅆ-'이 기본형일 때의 음성 실현이고 (57ㄴ)은 '업ㅆ-' 뒤에 '-구', '-는데'가 결합된 것이다.[40] (57)에서는 '업ㅆ-'의 기본형인 경우 및 뒤에 자음 어미가 결합될 때 자음군 'ㅂㅆ' 중에 'ㅆ'이 탈락된다.

다음은 자음군 'ㄱㅆ'의 단순화 실현 양상을 관찰한다.

(58) ㄱ. **넉**(魂)

　　ㄴ. 넉ㅆ + -두 → **넉**두 → 넉뚜

　　　 넉ㅆ + -만 → **넉**만 → 넝만

39　여기서 단독형이란 체언 어간 자체 뒤에 문법 형태소가 결합되지 않는 형태를 말한다.

40　여기서 기본형이란 용언 어간 뒤에 어미 '-다'가 결합된 형태를 말한다. 예: 먹다, 좋다 등.

이 지역어에서 'ㄱㅆ'으로 끝나는 체언 어간만이 확인되는데 (58)은
'넋ㅆ(魂)'의 어간말 자음군단순화를 보여준 예이다. (58ㄱ)은 명사 '넋
ㅆ'의 단독형 음성 실현이고 (58ㄴ)은 '넋ㅆ' 뒤에 '-두', '-만'이 결합된
것이다. 여기서 보듯이 단독형의 음성 실현 및 뒤에 자음으로 시작되는
조사가 결합될 때 자음군 'ㄱㅆ' 중에 'ㅆ'이 탈락된다. 이상으로 어간의
품사와 관계없이 장애음이 선행하는 자음군 'ㅂㅆ', 'ㄱㅆ'으로 끝나는
어간이 자음군단순화의 적용 환경에 놓일 때 'ㅂㅆ', 'ㄱㅆ'은 각각 선행
하는 장애음 'ㅂ', 'ㄱ'으로 단순화된다.

② 비음이 선행하는 자음군 'ㄵ, ㄶ'의 단순화

자음군 'ㄵ'의 단순화를 보여주는 예는 다음과 같다.

> (59) ㄱ. **앉**따(坐)
> ㄴ. 앉- + -구 → **앉**구 → 안꾸
> 앉- + -는다 → **앉**는다

이 지역어에서 'ㄵ'으로 끝나는 어간으로는 용언 어간만이 확인되는
데 (59ㄱ)은 동사 '앉-'의 기본형이고 (59ㄴ)은 '앉-' 뒤에 '-구', '-는다'
가 결합된 것이다. (59)에서 확인되듯이 'ㄵ'으로 끝나는 동사 어간이 자
음군단순화의 적용 환경에 놓일 때 'ㄵ'은 선행하는 비음 'ㄴ'으로 단순
화된다.

자음군 'ㄶ'의 단순화는 아래 예들에서 확인할 수 있다.

> (60) ㄱ. 끊타(切)
> ㄴ. 끊 + -는다 → **끊**는다   cf. 끊 + -구 → 끈쿠

(61) ㄱ. 만타(多)
　　　ㄴ. 많- + -네 → **만**네　　　　cf. 많- + -디 → 만티

이 지역어에서 'ㄶ'으로 끝나는 용언 어간만이 확인되는데 (12), (13)은 각각 동사 어간 '끊-(切)', 형용사 어간 '많-'의 기본형 및 자음과의 활용형을 보여준 것이다. (60ㄴ) 및 (61ㄴ)에서 보듯이 자음군 'ㄶ'으로 끝나는 용언 어간에 비음으로 시작되는 어미가 올 때 'ㄶ'이 'ㄴ'으로 단순화된다. 이상 살펴보았듯이 비음이 선행하는 자음군 'ㄵ', 'ㄶ'으로 끝나는 용언 어간이 자음군단순화의 적용 환경에 놓일 때 'ㄵ', 'ㄶ'은 모두 선행하는 비음 'ㄴ'으로 단순화된다.

③ 유음이 선행하는 자음군 'ㄺ, ㄻ, ㄿ, ㅀ, ㄼ'의 단순화

여기서는 유음이 선행하는 자음군 'ㄺ, ㄻ, ㄿ, ㅀ, ㄼ'의 단순화 실현 양상을 순서대로 관찰한다. 우선 'ㄺ'으로 끝나는 체언 어간의 어간말 자음군단순화의 실현을 살펴본다.

(62) ㄱ. **닥**(鷄)
　　　ㄴ. 닭 + -두 → **닥**두 → 닥뚜
　　　　　닭 + -만 → **닥**만 → 당만

안악 지역어에서 'ㄺ'으로 끝나는 체언 어간으로는 '닭(鷄)'만이 확인되는데 (62ㄱ)은 단독형이고 (62ㄴ)은 뒤에 '-두', '-만'이 결합된 것이다. (62)를 통하여 'ㄺ'으로 끝나는 체언 어간이 자음군단순화의 적용 환경에 놓일 때 'ㄺ'에서 'ㄹ'이 탈락하고 'ㄱ'으로 단순화되는 것을 확인할 수 있다.

(63) ㄱ. **읽따**(讀)

    ㄴ. 읽- + -구 → 읽꾸 → **일꾸**

    읽- + -는다 → **일**는다 → 일른다

(64) ㄱ. **맑따**(淸)

    ㄴ. 맑- + -구 → 맑꾸 → **말꾸**

    맑- + -디 → 맑띠 → **말**띠

(63), (64)는 각각 'ㄺ'으로 끝나는 동사 어간 '읽-(讀)', 형용사 어간 '맑-(淸)'의 어간말 자음군단순화 양상을 보여준 예들이다. 여기서 확인할 수 있듯이 'ㄺ'을 가진 용언 어간이 자음군단순화의 적용 환경에 놓일 때 'ㄺ'에서 'ㄱ'이 탈락하고 선행하는 'ㄹ'이 남는다.

한편, 河野六郎(1945/2012:307)에 제시된 형용사 '맑다(淸)'의 음성 실현 및 황해도 내에서의 지역 분포를 지도로 제시하면 다음과 같다.

〈지도 1〉 '맑다'의 음성 실현 및 분포('ㄹ'형: 말따. 'ㄱ'형: 막따.)

<지도 1>에서 확인되듯이 안악, 재령, 서흥, 신계를 포함하여 그 이 북 지역에서는 용언 어간말 자음군 'ㄿ'이 'ㄹ'로 단순화된다.[41] 이상 (62)-(64)에 의하면 안악 지역어에서 'ㄹ'을 가진 어간의 어간말 자음 군단순화 양상이 어간의 품사에 따라 달라지는데 용언 어간의 경우 'ㄹ' 은 'ㄹ'로 단순화되고 체언 어간의 경우 'ㄹ'은 'ㄱ'으로 단순화된다.

다음은 'ㄼ'의 단순화 실현 양상을 관찰한다.

(65) ㄱ. 야듧(八)
     ㄴ. 야듧# 시(時) → 야듧 씨 → 야듣 씨
        야듧# 명(名) → 야듣 명

안악 지역어에서 'ㄼ'으로 끝나는 체언 어간으로는 '야듧(八)'만이 확 인되는데 (65ㄱ)은 체언 '야듧'의 단독형 음성 실현이고 (65ㄴ)은 '야듧' 뒤에 자음으로 시작되는 어휘 형태소 '시(時), 명(名)'가 결합된 것이다. 여 기서 보듯이 체언 어간말의 자음군 'ㄼ'이 자음군단순화의 환경에 놓일 때 'ㄹ'로 단순화된다.

(66) ㄱ. 밟따(踏)
     ㄴ. 밟- + -구 → 밟꾸 → 발꾸
        밟- + -는다 → ㅕ는다 → 발른다

---

41 이 외에 황대화(2007:372)에서는 옹진, 벽성, 해주, 평산, 금천 등 황해도 남부 지역에서 '밝다'가 '박다'로 재구조화되었다. 그러나 한영순(1965:340-341)에서는 황해도 방언에 서 어간말 자음군 'ㄹ', 'ㄼ' 뒤에 자음이 오면 'ㄹ', 'ㄼ'이 각각 'ㄱ', 'ㅂ'으로 발음된다고 이 점에서 평안도 방언, 경상도 방언과 구별된다고 간략하게 언급한 바가 있다. 이러한 차이는 조사 지점이 다르다는 점에서 비롯되었을 가능성이 높아 보인다. 한영순(1965)에 서 도별 방언을 소개할 때 구체적인 조사 지점이 밝혀지지 않았기 때문이다.

(67) ㄱ. **널따**(廣)

　　ㄴ. 넓- + -구 → 넓꾸 → **널**꾸

　　　넓- + -디 → 넓띠 → **널**띠

　(66)은 '래'으로 끝나는 동사 어간 '밟-(踏)', (67)은 형용사 어간 '넓-(廣)'의 어간말 자음군 '래'의 단순화 양상을 보여준 예들이다. 위에 제시된 활용형으로부터 어간의 '래'으로 끝나는 용언 어간이 자음군단순화의 적용 환경에 놓일 때 자음군 '래'이 선행하는 유음 'ㄹ'로 단순화되는 것이 확인된다.[42] 이상으로 안악 지역어에서 어간의 품사와 관계없이 '래'으로 끝나는 어간이 자음군단순화 환경에 놓일 때 '래'이 선행하는 'ㄹ'로 단순화된다.

　이어서 어간말 자음군 'ㄸ'의 단순화를 관찰한다.

(68) ㄱ. **할**따(舐)

　　ㄴ. 핥- + -구 → 핥꾸 → **할**꾸

　　　핥- + -는다 → **할**는다 →할른다

　'ㄸ'으로 끝나는 어간으로 용언 어간만이 확인되는데 (68ㄱ)은 '핥-(舐)'의 기본형이고 (68ㄴ)은 '핥-' 뒤에 어미 '-지', '-는다'가 결합된 것이다. (20)에서 보듯이 'ㄸ'으로 끝나는 동사 어간이 자음군단순화의 적용 환경에 놓일 때 자음군 'ㄸ'은 선행하는 유음 'ㄹ'로 단순화된다.

　다음은 어간말 자음군 'ㅀ'의 단순화 실현 양상을 살펴본다.

42　황대화(2007:372)에서 '발는다(밟는다)'가 실려 있는데 그 출현 지역은 벽성, 재령, 해주, 신천으로 되어 있다. 앞에서 '박다(밟다)'의 재구조화 어형의 출현 지역을 종합해 보면, 벽성 및 해주에서는 어간말 'ㄹ→ㄱ', '래→ㄹ'로 되는 현상을 동시에 지닌 지역임을 알 수 있다.

(69) ㄱ. 꿀타(跪)

　　ㄴ. 꿇- + -는다 → **꿀**는다 → 꿀른다　　cf. 꿇- + -구 → 꿀쿠

(70) ㄱ. 실타(嫌)

　　ㄴ. 싫- + -나? → **실**나? → 실라?　　cf. 싫- + -디 → 실티

‘ㅀ’으로 끝나는 어간으로 용언 어간만이 확인되는데 (69), (70)은 각
각 동사 어간 ‘꿇-(切)’, 형용사 어간 ‘싫-’의 기본형 및 자음과의 활용형
을 보여준 것이다. 여기서 보듯이 ‘ㅀ’으로 끝나는 용언 어간 뒤에 ‘ㄴ’
계 어미가 결합될 때 ‘ㅀ’이 선행하는 유음 ‘ㄹ’로 단순화된다.

마지막으로 어간말 자음군 ‘ㄻ’의 단순화의 실현 양상을 살펴본다.

(71) ㄱ. **삼**(生)

　　ㄴ. 삶 + -만 → **삼**만

(71ㄱ)은 체언 어간 ‘삶(生)’의 단독형 음성 실현이고 (71ㄴ)은 ‘삶’ 뒤
에 ‘-만’이 결합된 것인데 여기서 보듯이 ‘ㄻ’이 ‘ㅁ’으로 단순화된다.

(72) ㄱ. **담**따(似)

　　ㄴ. 닮- + -구 → **담**구 → 담꾸

　　　닮- + -긴 → **담**긴 → 담낀

(73) ㄱ. **점**따(少)

　　ㄴ. 젊- + -구 → **점**구 → 점꾸

　　　젊- + -디 → **점**디 → 점띠

(72), (73)은 각각 동사 어간 ‘닮-(似)’, 형용사 어간 ‘젊-(少)’의 어간말
자음군단순화를 보여준 예들이다. 이때 ‘ㄻ’이 후행하는 ‘ㅁ’으로 단순화

된다. (71)-(73)의 예들을 통하여 안악 지역어에서 어간의 품사와 관계없이 어간말 자음군 'ᆱ'이 자음군단순화의 적용 환경에 놓일 때 'ᆱ'은 후행하는 'ㅁ'으로 단순화된다.

지금까지 살펴본 바를 요약하면, 안악 지역어에서 유음이 선행하는 자음군 'ᆰ, ᆲ, ᆴ, ᆶ, ᆱ'은 자음군단순화의 적용 환경에 놓일 때 어간의 품사와 관계없이 'ᆲ, ᆴ, ᆶ'은 선행하는 유음 'ㄹ'로, 'ᆱ'은 후행하는 비음 'ㅁ'으로 단순화된다. 그리고 'ᆰ'으로 끝나는 용언 어간인 경우, 어간말의 'ᆰ'이 'ㄹ'로 단순화되고 체언 어간인 경우 'ᆰ'은 'ㄱ'으로 단순화된다. 자음군에서 탈락하는 자음 및 단순화되는 자음을 더 잘 보이기 위하여 상술한 내용을 다음 (74)에서와 같이 정리한다.

(74) 자음군단순화의 실현 양상[43]

ㄱ. ㄳ, ㅄ   -- ㅅ 탈락   → ㄱ, ㅂ

ㄴ. ㄵ, ㄶ   -- ㅈ, ㅎ 탈락   → ㄴ, ㅁ

ㄷ. ㄺ, ᆲ, ᆴ, ᆶ

   - ㄺ(체언), ㄻ   -- ㄹ 탈락   → ㄱ

   - ㄺ(용언), ᆲ, ᆴ, ᆶ   -- ㄱ, ㅂ, ㅌ, ㅎ 탈락 → ㄹ

4.2.4. 활음 탈락

여러 방언에서 공시적인 활음 탈락은 경구개음 '지, 치, 찌'로 끝나는

---

43   이진호(2010ㄴ:571)에서 자음군 구조에 따른 한국어 자음군단순화의 실현 양상을 다음과 같이 정리한 바가 있다.

     ① 어간말 자음군의 선행 자음이 장애음이면 무조건 후행 자음이 탈락한다.

     ② 어간말 자음군에 비음이 포함되어 있으면 무조건 비음이 살아남는다.

     ③ 어간말 자음군의 선행 자음이 유음이면 후행 자음에 따라 탈락 자음이 달라진다.

용언 어간 뒤에 '어'계 어미가 결합될 때 활음화가 일어난 후에 적용되는 활음 'j'가 탈락하는 현상이다. 잘 알려진 바와 같이 이는 경구개음과 활음 'j'의 조음 위치가 비슷하기 때문에 일어나는 탈락 현상이다. 안악 지역어에서는 자음 'ㅈ, ㅊ, ㅉ'이 치조음이므로 위와 같은 'j'탈락 현상은 찾아볼 수 없다. 대신에 다음과 같은 활음 'w'탈락 현상이 존재한다.

(75) ㄱ. 보-(見) + -아두 → 봐:두 → **바:**두
　　 ㄴ. 깔보-(媒) + -아 → 깔봐 → 깔**바**
　　　　 테다보-(盱) + -어 → 테다봐 → 테다**바**

(76) 뽕-(粹) + -아 → 뽀아 → 뽜: → **빠:**

　(75)는 동사 어간 '보-' 및 '보-'로 끝나는 합성 동사 어간, (76)은 '뽕-(粹)' 뒤에 '아'계 어미가 결합된 것이다. (75ㄱ)의 경우 1음절 어간 '보-' 뒤에 '-아두'가 올 때 'w'활음화 및 이에 따른 보상적 장음화가 적용된 후에 'w'가 탈락한다. 이러한 'w'활음화 뒤에 이은 'w'탈락은 다음절 어간의 (75ㄴ)에서도 확인되지만 이때 보상적 장음화는 수반되지 않는다. 한편, (76)에서와 같이 어간말의 후음 탈락, 'w'활음 및 이에 따른 보상적 장음화가 일어난 후에 'w'가 탈락한다. 이러한 'w'탈락은 'w'활음화가 일어난 후에 'w'가 지닌 원순성이 양순음 'ㅂ'이 가진 원순성과 중복되어 초래된 것으로 여겨진다.

4.2.5. '으'탈락

　안악 지역어에서 '으'탈락 현상은 곡용에서의 '으'탈락 및 활용에서의

'으'탈락으로 나눌 수 있다.

우선 곡용에서의 '으'탈락 현상을 살펴본다.

> (77) ㄱ. 강애(鉸) + -으루 → 강애**루**
>> 낭구(木) + -으루 → 낭구**루**
>
> ㄴ. 칼(刀) + -으루 → 칼**루**
>> 니불(衾) + -으루 → 니불**루**

(77)은 모음 및 유음으로 끝나는 체언 어간 뒤에 조사 '-으루'가 결합된 것인데 여기서 보듯이 조사에서의 '으'가 탈락한다. 이러한 '으'탈락은 조사 '-루', '-으루'의 기저형을 /-으루/로 설정하는 전제 하에서만 실현되고 이때의 '으'탈락은 필수적으로 적용된다.

다음으로 활용에서의 '으'탈락 현상을 관찰하는데 활용에서의 '으'탈락은 다시 어미에서의 '으'탈락 및 어간말의 '으'탈락으로 나뉜다.

> (78) ㄱ. 오-(來) + -으문 → 오**문**
>> 알-(知) + -으문 → 알**문**
>
> ㄴ. 싸-(廉價) + -으니까 → 싸**니**까
>> 알-(知) + -으니까 → 알**니**까 → 아니까
>
> ㄷ. 오-(來) + -은다 → **온**다
>> 살-(活) + -은다 → 살**ㄴ**다 → 산다

(78)은 모음 및 유음으로 끝나는 용언 어간 뒤에 '으'계 어미가 결합된 예들인데 여기서 확인되듯이 어미에서의 '으'가 모두 탈락한다. 앞에서 살펴보았듯이 (78ㄴ), (78ㄷ)에서는 'ㄹ' 뒤의 '으'탈락이 일어난 후에 'ㄹ'이 탈락한다. (78)에 제시된 이른바 어미 초의 '으'탈락도 어미의 기저형을 /-으Y/로 설정하는 전제가 필요하다. 그러나 활용에서의 이러한

어미에서의 '으'탈락은 'ㄹ'로 끝나는 일부 용언 어간 뒤에 수의적으로
적용되기도 한다.

> (79) ㄱ. 이 사라미 몬 <u>무르문</u> 내가 문다 하는 사라미 도장 바가 주야 대
> 구.
> (이 사람이 못 <u>물면</u> 내가 문다 하는 사람이 도장 박아 줘야 되
> 고.)
> ㄴ. 우리 이제 이태만 <u>버르문</u> 거 컨 지 반나 다 사.
> (우리 이제 이태만 <u>벌면</u> 그 큰 집 하나 다 살 수 있어.)

(79)는 자연발화에서 발견된 예들인데 (79ㄱ)에서는 동사 어간 '물-
(賠)', (79ㄴ)에서는 동사 어간 '벌-(贏)' 뒤에 어미 '-으문'이 결합될 때
어미 초의 '으'가 탈락하지 않은 것을 확인할 수 있다. 한편, 이와 같이
어간 말음 'ㄹ' 뒤의 '으'가 탈락하지 않은 현상은 고동호·장승익(2018)
에서도 찾아볼 수 있다.

> (80) ㄱ. 그때는 이 무슨 함 이렇게 <u>만들은</u> 그 잇어…<은율 p185>
> (그때는 이 무슨 함을 이렇게 <u>만든</u> 것이 있어…)
> ㄴ. 걸로 간다고 해서 글로 하로 <u>알은</u> 사람도 없는데…<송화 p31>
> (그리로 간다고 해서 그리로 하나도 <u>아는</u> 사람도 없는데…)

> (81) ㄱ. 해 가지우 그기 판잣집을 <u>팔으께</u>…<송화 p193>
> (나는 남의 집에 사니까 굶지는 않았는데…)
> ㄴ. 기스 갓드니 저이 집스 애기 봐 주구 <u>살래요</u><송화 p354>
> (그래서 갔더니 자기 집에서 아기를 봐 주고 <u>살래요</u>)

(80)에서는 'ㄹ'로 끝나는 용언 어간 뒤에 관형형 어미 '-은'이 결합되
어 어미 초의 '으'가 유지되는 것, (81)에서는 동사 '팔-', '살-' 뒤에 어미

'-으니께', '-으래요'가 결합되어 어미 초의 '으'가 탈락하지 않는 것이 확인된다.[44]

마지막으로 활용에서의 용언 어간말 '으'탈락을 살펴본다.

(82) ㄱ. 뜨-(織) + -어서 → **떠**서
　　　쓰-(苦) + -어 → **써**
　　ㄴ. 당그-(淹) + -아서 → 당**가**
　　　모으-(集) + -아서 → 모**아**서
　　　씨끄-(洗) + -어 → 씨**꺼**
　　　불르-(呼) + -어두 → 불**러**두
　　　슬프-(悲) + -어 → 슬**퍼**

(82)는 'ㅡ' 말음 어간에 '아/어'계 어미가 결합된 예들이다. (82ㄱ)은 단음절 어간에 '어'계 어미가 결합된 것인데 이때 어간말의 '으'가 탈락한다. 어간이 단음절이고 탈락으로 인한 음절 축소가 있지만 이때 음절 축소에 따른 보상적 장음화가 일어나지 않는다. (82ㄴ-ㄷ)은 'ㅡ'로 끝나는 다음절 어간의 경우인데 여기서 보듯이 어간말의 'ㅡ'는 탈락한다.

이처럼 안악 지역어에서는 '으' 말음 용언 어간이 '아/어'계 어미가 결합할 때 어간말의 '으'가 필수적으로 탈락하고, 모음으로 끝나는 용언 어간 뒤에 '으'계 어미가 결합할 때 어미에서의 '으'가 필수적으로 탈락

44　이 외에 황해도에서 오랫동안 전래되어 온 전통 민요에서 다음과 같이 'ㄹ'탈락이 적용되지 않는 예들이 있다.
　　ㄱ. 삶은 살**으랴** 너는 생각하나 나만이 너 홀로 사모 한단 말가(朴基種 1999:74-77).
　　ㄴ. 세월이 나두 가면은 나혼자 남아야 외로운 인생을 아이구 정 어찌를 살**을까**(朴基種 1999:93-94).
　　ㄷ. 동산에 달뜨고 기러기 날**으는**데 유정님 어디메 가구 애내성만 잣나(朴基種 1999:70-71).

한다. 이 외에 활용에서 'ㄹ' 말음 어간에 '으'계 어미가 올 때 어미에서의 '으'가 대부분 탈락하고, 곡용에서 모음 및 'ㄹ' 말음 체언 어간 뒤에 조사 '-으루'가 결합될 때 조사에서의 '으'가 필수적으로 탈락한다.

4.2.6. '이'탈락

여기서 말하는 '이'탈락은 계사 '이-'가 포함되는 문법 형태소 '이Y'에서의 '이'가 탈락하는 것과 '이'계 조사에서의 '이'가 탈락하는 현상이다.[45] 문법형태소 '이Y'에서의 '이'탈락을 계사 '이-'의 탈락으로 다룬 논의들이 있다(金完鎭 1972:294, 김성규 2001, 배주채 2001, 林錫圭 2007:173-175 등). 안악 지역어에서 이러한 계사 '이-'의 탈락을 보여준 예들은 다음과 같다.

(83) ㄱ. 오빠(娚) + -이다 → 오빠**다**
　　　조카(姪) + -이다 → 조카**다**
　　ㄴ. 손자(孫子) + -이구→ 손자**구**
　　　친구(親舊) + -이구→ 친구**구**

(83)은 개음절 체언 어간 뒤에 '이다', '이구'가 결합된 예들인데 여기서 보듯이 '이'가 필수적으로 탈락한다.

(84) ㄱ. 이모(姨母) + -이랑 → 이모**랑**
　　　바디(裤) + -이랑 → 바디**랑**
　　ㄴ. 아무거 + -이나 → 아무거**나**
　　　어디 + -이나 → 어디**나**

45　계사 어간 '이-'가 용언 어간처럼 활용하므로 이때의 '이'탈락은 활용에서의 '이'탈락이라고 하고 '이'계 조사에서의 '이'탈락은 곡용에서의 '이'탈락이라고 할 수 있겠다.

(84)는 개음절 체언 어간 뒤에 '이'계 조사가 붙은 예들인데 여기서 보듯이 조사에서의 '이'가 탈락한다. 이처럼 '이'계 조사에서의 '이'탈락 은 조사 '-랑, -이랑', '-나, -이나'의 기저형을 /-이랑/, /-이나/로 설정 하는 전제 하에서 일어나고 이때의 '이'탈락은 필수적으로 적용된다.[46]

이상으로 안악 지역어에서는 개음절 체언 어간에 오는 계사 '이-'와 '이'계 조사에서의 '이'가 필수적으로 탈락한다는 사실을 알 수 있다.

4.2.7. 동일 모음 탈락

동일 모음 탈락은 모음 'ㅏ' 또는 'ㅓ'로 끝나는 용언 어간에 '아/어' 계 어미가 결합될 때 동일한 두 개의 모음 중 하나가 탈락하는 현상이 다. 이때 탈락하는 모음이 어간의 모음이 될 수도 있고 어미의 모음이 될 수도 있지만 대체로 어간의 모음이 탈락한다고 본다(金完鎭 1972:290, 崔 明玉 1982:117 등). 이에 이러한 동일 모음 탈락 현상을 어간말 '아' 또는 '어' 탈락 현상이라고 한 논의도 있다(金鳳國 2002:158, 林錫圭 2007:166 등).

안악 지역어에서의 이른바 동일 모음 탈락 현상은 다음과 같은 예들 에서 확인할 수 있다.

(85) ㄱ. 가(去) + -아두 → **가**두
　　　사(買) + -아두 → **사**두
　　ㄴ. 나가(出去) + -아서 → 나**가**서
　　　만나(逢) + -아서 → 만**나**서

46　이승재(1994:17)에 의하면 '-이랑', '-이나'처럼 계사 '이-'에서 비롯된 조사들의 '이'가 개음절 체언 어간 뒤에 탈락되는 것이 필수적이다.

(86) ㄱ. 서-(立) + -엇다 → **섣**따

ㅤㅤㅤ커-(長) + -엇다 → **컫**따

ㅤㄴ. 건너-(渡) + -어 → 건**너**

ㅤㅤㅤ나서-(進出) + -엇다 → 나**섣**따

ㅤ(85)는 'ㅏ'말음 어간, (86)은 'ㅓ'말음 어간에 '아/어'계 어미가 결합 된 예들이다. 앞에서 이미 살펴보았듯이 안악 지역어에서 어간의 음절수 와 관계없이 'ㅏ'말음 어간에 '아'계 어미, 'ㅓ'말음 어간에 '어'계 어미가 선택되는 모음조화 현상이 잘 지키고 있다. (85)에서는 어간 말음절의 모음 'ㅏ'가 어미에서의 '아'와 같으므로 둘 중 하나가 탈락하게 된다. 마찬가지로 (86)에서는 어간 말음절의 모음 'ㅓ'가 어미에서의 '어'와 동 일하므로 둘 중 하나가 탈락한다.

ㅤ위에서 살핀 것에 의하면, 안악 지역어에서 모음 'ㅏ', 'ㅓ'로 끝나는 개음절 어간 뒤에 '아/어'계 어미가 결합될 때 동일 모음 탈락이 필수적 으로 일어난다.

4.3. 축약

ㅤ두 개의 음소나 운소가 합쳐져서 그 언어에 있는 어느 하나의 음소나 운소로 되는 음운 과정을 축약으로 볼 때, 안악 지역어에서 전형적으로 나타나는 공시적인 축약 현상으로는 유기음화를 꼽을 수 있다. 이 외에 'j'활음화의 적용에 관련하여 형태소 경계에서 생긴 이중모음 '여'가 단 모음 '에'로 축약되는 현상도 존재한다. 우선 형태소 경계에서 일어나는 유기음화 현상을 살펴본다.

4.3.1. 유기음화

유기음화는 'ㅎ'이 장애음 중 평음과 인접할 때 두 음이 합쳐져 유기음으로 실현되는 현상이인데 'ㅎ'과 장애음의 위치에 따라 'ㅎ-장애음'의 경우 순행적 유기음화가 일어나고 '장애음-ㅎ'의 경우 역행적 유기음화가 일어난다. 이진호(2015:211)에서는 순행적 유기음화는 모든 방언에서 공통적으로 일어나지만 역행적 유기음화는 방언에 따라 일어나지 않기도 한다는 사실을 밝혔다. 앞에서 이미 살펴보았는데 안악 지역어에서는 역행적 유기음화 대신에 대부분 후음 탈락이 적용된다. 여기서는 필수적으로 일어나는 순행적 유기음화 현상을 논의한다.

순행적 유기음화는 후음 'ㅎ('ㄶ, ㅀ' 포함)'으로 끝나는 용언 어간 뒤에 평음으로 시작되는 어미가 결합될 때 'ㅎ'이 평음과 합쳐져서 평음과 같은 위치에 있는 유기음으로 실현되는 현상이다.

(87) ㄱ. 놓-(放) + -구 → 노**쿠**, 좋-(好) + -구 → 조**쿠**
　　 ㄴ. 놓-(放) + -디 → 노**티**, 좋-(好) + -디 → 조**티**

(88) ㄱ. 끊-(切) + -구 → 끈**쿠**, 많-(多) + -구 → 만**쿠**
　　 ㄴ. 끊-(切) + -디 → 끈**티**, 많-(多) + -지 → 만**치**

(89) ㄱ. 꿇-(跪) + -구 → 꿀**쿠**, 싫-(嫌) + -구 → 실**쿠**
　　 ㄴ. 꿇-(跪) + -디 → 꿀**티**, 싫-(嫌) + -지 → 실**치**

(87)은 'ㅎ'으로 끝나는 용언 어간 뒤에 평음으로 시작되는 어미 '-구', '-디'가 결합된 예들이다. 이때 어간말의 'ㅎ'과 어미 초의 평음 'ㄱ', 'ㄷ'이 각각 유기음 'ㅋ', 'ㅌ'으로 축약된다. (88)은 'ㅎ'이 포함되는 자음군

'ㄶ'으로 끝나는 용언 어간 뒤에 어미 '-구', '-디~-지'가 결합된 것이다. 이때 어간말 자음군에 있는 'ㅎ'과 어미초의 평음 'ㄱ', 'ㄷ', 'ㅈ'이 각각 같은 조음 위치의 유기음 'ㅋ', 'ㅌ', 'ㅊ'으로 축약된다. (89)는 'ㅎ'이 포함되는 자음군 'ㅀ'으로 끝나는 어간 뒤에 어미 '-구', '-디~-지'가 결합된 것이고 마찬가지로 어간말 자음군에 있는 'ㅎ'과 어미 초의 'ㄱ', 'ㄷ', 'ㅈ'이 각각 유기음 'ㅋ', 'ㅌ', 'ㅊ'으로 축약된다. (87)-(89)에서 확인되듯이 안악 지역어에서는 'ㅎ', 'ㄶ', 'ㅀ'으로 끝나는 용언 어간 뒤에 평음으로 시작되는 어미가 결합될 때 어간말의 'ㅎ'이 어미 초의 평음과 합쳐져서 평음과 같은 계열의 유기음으로 축약된다. 이 지역어에서는 'ㅎ'으로 끝나는 명사가 존재하지 않기 때문에 이러한 순행적 유기음화 현상은 활용에서만 존재하며 필수적으로 실현된다.

앞에서 이미 언급하였듯이 안악 지역어에서 '어근+-하다' 결합에서 유기음화 대신에 'ㅎ'이 탈락하는 경우가 대부분이다. 소수의 예들이지만 파생 과정에서 이른바 역행적 유기음화 현상도 발견된다.

(90) ㄱ. 약-하다 → 야**카**다(弱, 약하다)
　　　　딱-하다 → 따**카**다(礭, 딱딱하다)
　　ㄴ. 굽-하다 → 구**파**다(急, 급하다)
　　ㄷ. 굿-하다 → 구**타**다~구**다**다(巫, 굿하다)

(90)은 장애음 'ㄱ', 'ㅂ', 'ㅅ'으로 끝나는 어근 뒤에 접미사 '-하다'가 붙은 예들이다. (4ㄱ-ㄴ)에서 보듯이 'ㄱ-ㅎ', 'ㅂ-ㅎ' 연쇄가 유기음화가 일어나 각각 'ㅋ', 'ㅍ'으로 축약되고, (4ㄷ)에서는 'ㅅ'의 파열음화를 거친 후에 'ㄷ-ㅎ' 연쇄에 유음기화가 수의적으로 적용되어 'ㅌ~ㄷ'으로 실현된다. 이상과 같이 파생 과정에서 '평파열음-ㅎ'의 결합에 유기음화

가 적용되는 경우가 소수이지만 역행적 유기음화 현상의 존재가 확인된다.

4.3.2. '여'축약

崔明玉(1995:176-179)에서는 동북방언의 자료인 '체서(치+어셔, 養), 가제다
(가지+어다, 持)' 등으로 해당 방언에 모음 'ㅣ'로 끝나는 용언과 '어'계 어
미의 통합에서 어간말 모음 'ㅣ'가 활음화되는 일반적인 과정 외에 그로
인한 이중모음 '여'의 축약이라는 새로운 음운론적 과정을 설정한 바가
있다. 이른바 형태소 경계의 '여'축약 현상에 대하여 최명옥(2001:237)에
서는 'ㅣ'로 끝나는 어간과 'ㅓ'로 시작하는 어미가 통합하면 어간말의
'ㅣ'는 j로 되고 다시 'ㅔ'로 축약된다고 기술하며 평안도 방언에서 나
온 예들을 다음과 같이 제시하고 있다.[47]

(91) ㄱ. 살피-(察) + -어서 → 살펴서 → 살**페**서
    ㄴ. 시기-(使) + 어서 → 시겨서 → 시**게**서
    ㄷ. 빠디-(溺) + 어서 → 빠뎌서 → 빠**데**서

(91)에서 보여준 음운 과정에 의하면 'ㅣ'말음 어간에 '어'계 어미가
결합될 때 'j'활음화가 일어나 '여서'로 된 후에 '여'가 '에'로의 축약 과
정이 적용된다.

앞에서 이미 언급하였듯이 곽충구(2001:411)에 의하면 황해도 방언에서
양순음, 연구개음 뒤에 상향 이중모음 '여'가 오면 형태소 내부의 '여>

---

47 형태소 경계에서 보이는 '여→에' 현상과 관련된 연구사는 김성규(2003:163-168)을 참조
    할 수 있다. 한편, 金春子(2007:143) 및 林錫圭(2007:183)에서는 이러한 현상을 각각
    모음소축약 및 '여'의 '에'화라는 용어를 사용한 바가 있다.

에' 단모음화가 필수적으로 일어나지만 형태소 경계에서 '여'가 '에'로
되는 현상은 찾아볼 수 없다. 그러나 (91)에서와 같이 'j'활음화를 거친
후에 일어나는 '여' 축약은 평안도 방언에 인접하는 안악 지역어에는 존
재한다.

(92) ㄱ. 지-(負) + 어 → 져 → **제**
　　　　찌-(蒸) + 어 → 쪄 → **쩨**
　　ㄴ. 기-(匍) + -어 → 겨: → **계**:~겨:
　　　　시-(酸) + -어 → 셔: → **세**:~셔:
　　ㄷ. 피-(發) + 어 → 펴: → **페**:~피여

(93) ㄱ. 비비-(搓) + -어서 → 비벼서 → 비**베**서
　　　　찌지-(烙) + -어 → 찌져 → 찌**제**
　　ㄴ. 재피-(被執) + -어서 → 재펴서 → 재**페**서~재펴서
　　　　언치-(鮞) + -어서 → 언쳐서 → 언**체**서~언쳐서

　　(92)는 'ㅣ'말음 단음절 어간, (93)은 다음절 어간에 '어'계 어미가 결
합된 예들이다. (92ㄱ)은 '지-', '찌-'에 '-어'가 결합된 것인데 'j'활음화
가 일어난 후에 '여'축약이 필수적으로 적용된다. (92ㄴ)은 '기-', '시-'
뒤에 '-어'가 결합된 것이고 이때 'j'활음화 및 활음화에 따른 보상적 장
음화가 일어난 후에 '여'의 '에'로의 축약이 수의적으로 적용된다. (92)
에서 나온 어간은 모두 단음절 어간이지만 (92ㄱ)의 경우는 'j'활음화에
의한 보상적 장음화가 일어나고 '여'축약이 필수적으로 일어나는 반면,
(92ㄴ)의 경우는 'j'활음화 및 이에 의한 보상적 장음화가 일어나고 '여'
축약은 수의적으로 적용된다. 이러한 '여'축약의 수의적인 적용은 (92
ㄷ)에서도 찾아볼 수 있다. (92ㄷ)은 동사 '피-'에 '-어'가 결합되어 'j'활
음화, '여'축약을 거쳐 '페:'로 되기도 하고 활음 'j'첨가가 적용되어 '피

여'로 실현되기도 한다. (92)를 통하여 같은 1음절 어간이지만 'ㅣ'모음 앞에 선행하는 자음이 치조음 'ㅈ, ㅉ'인 경우에는 '어'계 어미가 결합될 때 'j'활음화를 거친 후에 '여'의 축약이 필수적으로 적용되고 치조음 'ㅈ, ㅉ'이 외의 자음이 선행할 때는 '여' 축약이 수의적으로 일어난다는 것을 확인할 수 있다. (93ㄱ)에서는 '비비-', '찌지-' 뒤에 '-어서', '-어'가 결합되어 'j'활음화 및 '여'축약이 적용된 것을 보여준다. (93ㄴ)은 '재피-', '언치-' 뒤에 '-어'가 결합된 것인데 여기서는 'j'활음화가 적용된 후에 '여'축약이 수의적으로 일어난다. (93)에서와 같이 다음절인 경우 필수적인 'j'활음화가 일어난 후에 '여'축약이 수의적으로 일어난다.

이처럼 'j'활음화 뒤에 필수적으로 또는 수의적으로 일어나는 '여'축약은 'ㅣ'모음을 가진 'ㅎ' 말음 어간과 '어'계 어미의 결합에서도 확인된다.

(94) 넣-(放入) + -어서 → 니어서 → 녀:서 → **녜**:서
      뗳-(搗) + -어서 → 띠어서 → 뗘:서 → **뗴**:서

(94)는 후음 'ㅎ'으로 끝나는 1음절 어간 '넣-', '뗳-' 뒤에 어미 '-어서'가 결합된 것이다. '녜:서', '뗴:서'의 실현은 여기서 보듯이 후음 탈락, 'j'활음화, '여'축약의 과정을 거친 결과이다.

이 외에, 'ㅣ'말음 용언 어간과 '어'계 어미의 결합 과정에서 'j'활음화에 앞서 '여'축약이 먼저 적용되는 경우도 있다.

(95) 이-(戴) + -어 → 이여 → 이**에** → 예:
(96) 보이-(示) + -어 → 보이여 → 보이**에**→ 보예~보여
      모이-(會) + -어서 → 모이여서 → 모이**에**서 → 모예서~모여서

(95)는 'ㅣ'말음 단음절 어간, (96)은 다음절 어간인데 뒤에 '어'계 어

미가 결합된 예들이다. (95)는 단음절 어간 '이-'에 '-어'가 결합된 것
인데 이때 'j'가 첨가된 후에 '여'축약이 필수적으로 적용된다.[48] (96)은
다음절 어간 '보이-', '모이-'와 '-어', '-어서'의 결합된다. 'j'활음화만
적용될 때는 각각 '보여', '모여서'로 실현되고 '보예', '모예서'의 실현
은 'j'활음 첨가, '여'축약, 'j'활음화가 순서대로 일어난 것이다. 여기서
'여'축약은 수의적으로 적용된 것이지만 실제 발화에서는 활용형 '보
예', '모예서'가 더 많이 나타난다. 이상으로 모음 'ㅣ'로 끝나며 선행
자음이 없는 어간 뒤에 '어'계 어미가 결합될 때 어간이 단음절인 경우
'여'축약은 필수적으로 일어나고 다음절 어간인 경우 '여'의 축약은 수
의적으로 적용된다는 사실을 알 수 있다.

　이처럼 안악 지역어에는 'Xi(ㅎ)-어Y' 결합에서의 '여'축약이 있는데,
어간의 음절수나 'ㅣ'모음에 선행하는 자음에 따라 'j'활음화가 일어난
후에 적용되는 '여'의 축약 및 'j'활음화가 일어나기 전에 적용되는 '여'
축약 현상이 확인된다.

4.4. 첨가

　첨가 현상은 형태소 경계에서 새로운 음소가 더 들어가는 음운 과정
을 말하는데 안악 지역어에서 공시적으로 확인되는 첨가 현상으로는 활
음 첨가가 있다.

48　郭忠求(1994ㄱ:142-145)에서는 동북방언에 존재하는 '치+어→체(打)'와 같은 현상을 활
　　음형성 이후에 '여>예'규칙이 적용된 것으로 보았다.

4.4.1. 활음 첨가

활음 첨가 현상에는 'j'첨가 및 'w'첨가가 포함된다.

4.4.1.1. 'j'첨가

宋喆儀(1995:273)에 따르면 원칙적으로 활음 'j'가 첨가되는 경우는 두 모음 중 선행 모음이 '이'일 때이고 활음 'w'가 첨가되는 경우는 선행 모음이 '오'나 '우'일 때이다. 안악 지역어의 'j'활음 첨가로는 활용에서의 'j'첨가 및 곡용에서의 'j'첨가 현상이 확인된다.

먼저 활용에서의 'j'첨가 현상에는 'ㅣ'말음 어간과 '어'계 어미의 통합 과정에서 일어나는 활음 'j'첨가가 있는데 해당 예는 다음과 같다.

(97) ㄱ. 비-(空) + -어 → 비**여**
　　　ㄴ. 피-(發) + -어 → 피**여** ~페:
　　　ㄷ. 이-(戴) + -어 → 이**여** → 이에 → 예:

(98) 보이-(示) + -어 → 보이**여** → 보이에→ 보예~보여
　　　모이-(會) + -어서 → 모이**여**서 → 모이에서 → 모예서~모여서

(97)은 'ㅣ'말음 단음절 어간 뒤에, (98)은 다음절 어간 뒤에 '어'계 어미가 결합된 것이다. (97ㄱ)에서는 '비-(空)' 뒤에 '-어'가 결합되어 'j'가 필수적으로 첨가된 것을 보여주고 (97ㄴ)은 '피-(發)' 뒤에 '-어'가 결합되어 'j'첨가가 수의적으로 적용된 것이다. (97ㄷ)은 '이-(戴)'와 '-어'의 결합인데 여러 음운 과정 중에 활음 'j'의 첨가가 가장 먼저 실현되며 이때의 'j'첨가는 필수적으로 적용된다. (98)은 '보이-', '모이-'와 어미 '-어',

'-어서'의 결합이고 활음 'j'의 첨가는 수의적으로 적용된다.

이상으로 활용에서의 활음 'j'의 첨가는 1음절 용언 어간 '비-(空)', '이-(戴)'와 '어'계 어미의 결합에서만 필수적으로 일어나고 그 이외의 환경에서는 수의적으로 적용됨을 알 수 있다.[49]

4.4.1.2. 'w'첨가

안악 지역어에서는 형용사 어간 '좋-'에 '아'계 어미가 결합될 때 활음 'w'가 첨가되는 현상이 확인된다.

> (99) 좋-(好) + -어서 → 조아서 → 조**와**서
> 좋-(好) + -안# 거→ 조안 거→ 조**완** 거

(99)는 형용사 어간 '좋-(好)' 뒤에 연결 어미 '-아서', 관형형 어미 '-안'이 결합된 예들이다. 여기서 보듯이 '좋-어서', '좋-안'의 결합 과정에서 어간말의 후음이 탈락한 후에 'w'가 첨가된다. 이러한 'w'첨가는 'ㅎ'탈락에 따른 모음충돌을 기피하기 위한 것이다(李秉根 1978:18). 이처럼 형용사 어간 '좋-'에 '아'계 어미가 결합될 때 'w'가 첨가되는 현상은 황대화(2007:233), 고동호·장승익(2018:205) 등에서도 찾아볼 수 있다.

> (100) ㄱ. 아무 때두 농장원이 **좋와**.

---

49   이 외에 아주 소수의 예들이지만 다음과 같은 곡용에서 'j'첨가가 확인된다.
    ㄱ. 차(車) + -에 → 차예~차에
        자동차(自動車) + -에 → 자동차예~자동차에
    위 예에서는 'ㅏ'말음 체언 어간 '차(車)', '자동차(自動車)' 뒤에 조사 '-에'가 결합될 때 'j'가 첨가되는 것을 보여준다. 그러나 이러한 'j'첨가는 아주 수의적으로 실현되고 예도 극히 적다.

(아무 때도 협동 농장의 구성원이 좋아.)

ㄴ. 쇠초가 이릏게 <u>좋완</u> 거 다 낫으로 깎고 다 그러머서…

(쇠풀이 이렇게 좋은 것을 다 낫으로 깎고 다 그러면서…).

(100ㄱ)에서 '좋-아' 결합이 '좋와'로 실현되는데 황대화(2007:233)에서는 어미 '-아'가 '좋' 뒤에서 '-와'로 나타난다고 기술한 바가 있다.[50] 장승익(2018:167)에서는 (110ㄴ)에서의 '좋완'은 '좋' 뒤에 관형형 어미 '-안'이 결합된 결과라고 한다. 이상의 예들을 종합하면 황해도 방언에서는 형용사 어간 '좋-' 뒤에 '아'계 어미가 결합될 때 'w'첨가 현상이 필수적으로 일어난다는 것을 알 수 있다.

---

50 이 외에 황대화(2007:206)에서는 형용사 어간 '좋-'이 연결 어미 '-아서나리(-아서)', '-아서라니(-아서)'과 결합되어 '좋와서나리(좋아서)', '좋아서라니(좋아서)'로 실현된 예들이 제시된 바가 있다.

제5장

결 론

—
결론

이 책은 주로 황해도 안악 지역어의 공시 음운론적 고찰을 진행하였다.

제2장에서는 음운 목록을 확정하였다. 자음 목록에는 총 19개 자음이 확인되었고 활음의 경우 'j'와 'w'가 있으며 모음 목록에는 불안정한 'ㅚ'를 포함하여 총 9개 단모음이 확인되었다. 이중모음 목록에는 'ㅢ'를 제외하고 'ㅟ[wi]'를 포함하여 총 10개의 이중모음이 확인되었다. 운소 목록에는 단어의 의미를 변별해 주는 음장의 존재가 확인되었다.

제3장에서는 체언 어간, 용언 어간, 조사, 어미의 기저형을 설정하였고 이 과정에서 단수 기저형, 복수 기저형 및 쌍형어로 존재하는 유형들이 관찰되었다. 이를 정리하면 다음과 같다.

(1) 체언 어간의 기저형
ㄱ. 단수 기저형: 빗(責), 야듧(八), 헤(舌), 가(개), 싸투리(土語), 벌거지(蟲), 쌍두이(彎), 대리미(尉), 지패이(杖) 등.

ㄴ. 복수 기저형: ㄴ{ㅐ-ㅏ}(1인칭 단수 대명사),
　　　　　　　ㄴ{ㅔ-ㅓ}(2인칭 단수 대명사),
　　　　　　　ㅈ{ㅔ-ㅓ}(3인칭 재귀 대명사) 등.
ㄷ. 쌍형어: 꽃~꼿(花), 영감~용감~농감(令監), 힘~심(力), 이~니(齒),
　　　　　아기~애기(兒), 낭구~나무(木), 베~벼(稻) 등.

(2) 용언 어간의 기저형
ㄱ. 단수 기저형: 딛-(聞), 꼽-(揷), 잇-(有), 맑-(淸), 밟-(踏), 제리-(麻), 딸
　　　　　르-(隨), 꿰-(貫) 등.
ㄴ. 복수 기저형: 무{ㄷ-르}-(間), 부{ㄷ-으}-(脹), 고{ㅂ-우}-(麗), 까르{ø-
　　　　　르}으-(分), 바빼{우-으}-(忙), ᄒᆞ{ㅏ-ㅐ}-(爲), 그리{ᇂ-
　　　　　ㅐ-ㅓ}-(然), 파르{ᇂ-ㅐ-ㅏ}-(靑), 같{ø-ㅐ--}-(如),
　　　　　ㄷ{ㄴ-ㅐ}-(硬), ㅅ{ㅟ-ㅔ}-(休) 등.
ㄷ. 쌍형어: 익-~닉-(熟), 집-~찝-(拈), 찢-~쯪-(裂), 짧-~쫇-~닳-(短),
　　　　　커-~크-(長), 아끼-~애끼-(惜), 혀-~헤-(點燈) 등.

(3) 조사의 기저형
ㄱ. 단수 기저형: -만, -보구(-보구), -두(-도), -구(-고), -거티(-같이), -하
　　　　　구(-하고), -한데(-한테), -으루(-으로), -이나, -이랑 등.
ㄴ. 복수 기저형: -{가이}, -{ø-르}을, -{ø-ㄴ}은, -{아-야} 등.
ㄷ. 쌍형어: -까지~-까장~-꺼장(-까지), -콰~-카(-와/과), -에~-이(속
　　　　　격 조사, -의), -에~-이(처격 조사, -에) 등.

(4) 어미의 기저형
ㄱ. 단수 기저형: -누라구(-느라고), -나?, -니?, -드라(-더라), -든(-던), -자,
　　　　　-구(-고), -간?(-겠니?), -갓-(-겠-), -어두(-어도), -어서,
　　　　　-으문(-으면) 등.
ㄴ. 복수 기저형: -{은-는-ø}다, -{은-는-ø}가?, -{누나-구나} 등.
ㄷ. 쌍형어: -지~-디(-지), -엇-~-댓-(-었-), -은~-언(관형형 어미, -은),
　　　　　-으니까~-으니께(-으니까) 등.

음운 목록을 확정하고 조사, 어미, 체언 어간, 용언 어간의 기저형을 설정하는 과정에서 이 지역어의 특징이라고 할 수 있는 몇 가지를 제시하면 다음과 같다.

(1) 자음 'ㅈ, ㅊ, ㅉ'이 치조음으로 발음되는 것.

(2) 단모음에 'ㅚ[ö]'가 포함되어 총 9개가 확인되는 것.

(3) 이중모음에 'ㅟ[wi]'가 포함되고 'ㅢ'가 존재하지 않는 것.

(4) '가이~개: (犬), 서히~서이~셋: (三)' 등처럼 하향 이중모음 'ㅏ[aj]', 'ㅓ[əj]'의 역사적인 흔적을 보여준 단어들이 확인되는 것.

(5) 두음법칙, 어두경음화, 구개음화, 움라우트, 전설모음화, 모음의 합류, 형태소 내부의 '여>에' 변화, 특수 어간 교체 등 음운 변화 현상의 수의적인 적용으로 인해 쌍형어로 볼 수 있는 어간, 조사, 어미들이 존재하는 것.

(6) '花', '鼎'의 의미를 가진 체언 어간이 쌍형어 '꽃~꼿', '솥~솟'으로 존재하는 것.

(7) 동사 어간 '딛-(聞)'이 규칙 활용을 하는 것.

(8) 관형형 어미 '-언(-은)', 의문형 종결 어미 '-간?(-겠니?)', 선어말 어미 '-갓-(-겠-)', '-엇-~-댓-(-았-)', '-엇댓-(-었었-)' 등이 확인되는 것.

제4장에서는 3장에서 설정한 조사, 어미, 어간의 기저형을 바탕으로 이 지역어의 공시적인 음운 현상을 교체, 탈락, 축약, 첨가로 나누어 살펴보았다. 공시적인 음운 현상 중에 이 지역어의 특징을 보여줄 수 있는 몇 가지를 다음과 같이 제시해 본다.

(1) 자음군 'ㄺ, ㄼ'으로 끝나는 용언 어간 뒤에 'ㄴ'으로 시작되는 어미가 결합될 때 유음화가 일어난다.

(2) 어간의 품사와 관계없이 자음군 'ㄹ, ㄼ'으로 끝나는 용언 어간 뒤에 'ㄴ' 이외의 평음으로 시작되는 어미가 결합될 때 어간말 자음군이 어미 초의 평음을 경음화시킨다.

(3) 활용에서의 'j'활음화 적용 환경이 조성될 때 단음절 어간 '비-(空)' 이 외의 경우 어간의 음절수와 관계없이 'j'활음화가 일어난다. 그 실현 양상은 'je'형, 'Cjə'형, 'Ce'형, 'je~jə'형, 'Cjə~Ce'형 등으로 보다 수의적으로 다양하게 나타난다. 이 외에 곡용에서의 'j'활음화 현상도 존재한다.

(4) 후음 'ㅎ'으로 끝나는 단음절 용언 어간 뒤에 '으'계 어미가 결합될 때 어미초의 모음이 어간의 모음에 의해 동화되는 현상이 확인된다.

(5) 모음조화 현상이 상대적으로 잘 지켜지고 있다. 단음절 용언 어간의 경우 음절의 구조와 관계없이 모음 'ㅏ, ㅗ, ㅐ'를 가진 용언 어간 뒤에 '아'계 어미가 선택된다. 어간이 다음절인 경우, 어간 말음절 모음이 양성모음 'ㅏ, ㅗ, ㅐ'일 때 그리고 어간 말음절 모음이 'ㅡ'이며 선행 음절의 모음이 양성모음일 때 뒤에 '아'계 어미가 결합된다.

(6) 자음군의 구성에서 볼 때 유음이 선행하는 자음군 'ㄹ, ㄼ'이 자음군단순화의 적용 환경에 놓일 때 유음 'ㄹ'로 단순화된다. 단, 체언 어간 '닭'의 경우 'ㄹ'이 'ㄱ'으로 단순화된다.

(7) 장애음으로 끝나는 체언 어간 뒤에 후음 'ㅎ'으로 시작되는 조사가 결합될 때 조사에서의 'ㅎ'이 탈락된다. 또한, 장애음으로 끝나는 어근 뒤에 접미사 '하다'가 붙을 때 '하다'에서의 'ㅎ'도 대부분 탈락된다.

(8) 활음 탈락 현상에는 'w'탈락이 확인된다.

(9) 후음 'ㅎ('ㄶ, ㅀ' 포함)'으로 끝나는 용언 어간 뒤에 평음으로 시작되는 어미가 결합될 때 'ㅎ'이 평음과 합쳐져서 평음과 같은 위치에 있는

유기음으로 축약되는 유기음화 현상이 존재한다.

(10) 'ㅣ'로 끝나는 어간 또는 'ㅣ'를 가지며 후음으로 끝나는 어간 뒤에 '-으'계 어미가 결합될 때 '여'가 '에'로 되는 '여'축약 현상이 있다.

(11) 활음 첨가에는 활용에서의 'j'첨가 및 'w'첨가가 확인된다.

전체적으로 볼 때 안악 지역어는 대체로 중부 방언의 연장선에 있다고 말할 수 있겠다. 그러나 이상과 같이 공시적인 음운 과정에서 특이하게 존재하는 현상도 많이 확인되었다. 이러한 특징은 황해도 방언 특유의 것인지 평안도 방언의 영향을 받은 것인지 연구할 필요가 있다. 그러나 현재 황해도 방언에 대한 공시적인 연구가 많지 않기 때문에 이러한 비교 작업을 진행하기 어려운 점이 아쉽다. 이에 앞으로의 연구에서는 황해도방언의 다른 지역어에 대한 검토가 이어져야 할 것으로 여겨진다.

참고문헌

강순경(1999ㄱ), 황해 방언의 모음체계, ≪언어학≫24, 한국언어학회, pp.335-356.

강순경(1999ㄴ), 북한 모음 /ㅜ/ → /ㅡ/에서 발견되는 과잉교정 현상, ≪음성과학≫6, 한국음성학회, pp.43-54.

京城師範大學校 朝鮮語研究部(1937), ≪方言集≫, 慕山學術研究所[1995, 發行].

고동호 · 장승익(2018), ≪정농 마을의 언어와 문화: 전라도 속의 작은 황해도≫, 전북대학교출판문화원.

고현철(1992), 황해도방언의 시칭범주에서 나타나는 특성, ≪조선어문≫85, pp.41-44.

곽충구(1982), 牙山地域語의 二重母音 變化화 二重母音化: y계 二重母音과 ə>wə변화를 중심으로, ≪방언≫6, 한국정신문화연구원[2010, ≪이중모음≫에 재수록, pp.93-123].

郭忠求(1992), 黃海道 方言의 研究에 대한 회고와 전망, ≪南北韓의 方言 研究: 그 現況과 課題≫, 慶雲出版社, pp.309-328.

郭忠求(1994ㄱ), ≪咸北 六鎭方言의 音韻論: 20世紀 러시아의 Kazan에서 刊行된 文獻資料에 依한≫, 太學社.

郭忠求(1994ㄴ), 北韓方言에 대한 研究 成果와 課題, ≪人文科學≫10, 慶北大學校 人文科學研究所, pp.263-294.

郭忠求(1995), 黃海道 및 江原道 北部地域 親族名稱의 地理的 分化와 그 歷史性,≪大東文化研究≫30, 성균관대학교 동아시아학술원, pp.309-332.

곽충구(1997), 중부방언의 특징과 그 성격, ≪한국어문≫4, 한국정신문화연구원, pp.1-39.

郭忠求(1997), 音節의 變化, ≪國語史研究: 午樹 田光鉉 · 宋敏 先生의 華甲을 紀念하여≫, 태학사, pp.387-421.

곽충구(1999), 모음조화와 모음체계, ≪새국어생활≫9, 국립국어원, pp.151-159.

곽충구(2001), 황해도 방언, ≪方言學 事典≫, 태학사, pp.409-414.

郭忠求(2001), 口蓋音化 規則의 發生과 그 擴散, ≪진단학보≫92, 진단학회, pp. 237-268.

곽충구(2003), 현대국어의 모음체계와 그 변화의 방향, ≪국어학≫41, 국어학회, pp.59-91.

국립국어원 지역어조사추진위원회(2006), ≪지역어 조사 질문지≫, 태학사.

金公七(1977), ≪方言學≫, 正向出版社.

김동언(2014), ≪俚諺四叢≫과 19세기 후기 황해도 방언, ≪한국어학≫25, 한국 어학회, pp.121-159.

김병제(1980), ≪방언사전≫, 과학백과사전종합출판사.

김병제(1988), ≪조선 언어지리학시고≫, 과학백과사전종합출판사.

金鳳國(2000), 江陵・三陟 地域語의 滑音化, ≪한국문화≫26, 서울대학교 규장 각 한국학연구원, pp.1-33.

김봉국(2001), 중부 방언, ≪方言學 事典≫, 태학사, pp.322-328.

金鳳國(2002), 江原道 南部地域 方言의 音韻論, 서울대학교 박사학위논문.

김봉국(2004), 함북 육진방언의 '-어/-아' 교체 양상과 중립모음의 성격, ≪배달 말≫35, 배달말학회, pp.321-341.

김봉국(2015), 북한 지역어 연구의 현황과 향후 과제: 2000년대 이전과 이후를 중심으로, ≪어문학≫130, 한국어문학회, pp.1-25.

金星奎(1988), 非自動的 交替의 共時的 記述, ≪冠嶽語文研究≫13, 서울大學校 國語國文學科, pp.25-44.

김성규(1998), 중세국어의 쌍형어에 대한 연구, ≪전농어문연구≫10, 서울시립대 학교 국어국문학과, pp.175-203.

김성규(2000), 불규칙 활용에 대한 몇 가지 논의, ≪형태론≫2, 형태론학회, pp. 121-128.

김성규(2001), '이-'의 음운론적 특성, ≪국어학≫37, 국어학회, pp.285-307.

김성규(2003), '여>예>에'의 변화 과정에 대하여, ≪冠嶽語文研究≫13, 서울大學 校國語國文學科, pp.161-182.

김성규(2004), '워>오'의 통시적 고찰, ≪국제어문≫30, 국제어문학회, pp.5-26.

김성규・정승철(2015), ≪소리와 발음≫, 한국방송통신대학교출판부.

김소영(2019), 국어 쌍형어 연구, 서울대학교 박사학위논문.

김수영(2014), 현대국어 어간말 자음군 연구, 서울대학교 석사학위논문.

김아름(2011), 모음조화의 변화 양상 연구: 활용·곡용을 중심으로, 서울대학교 석사학위논문.

金英培(1979), 平安方言의 形態論的 考察, ≪성곡논총≫10, 성곡언론문화재단, pp.246-290.

金英培(1981), 黃海道 地域方言 硏究: 음운체계를 중심으로, ≪國語國文學論文集≫11, 동국대학교 국어국문학과, pp.1-36, [1984, ≪平安道方言硏究≫에 재수록, pp.267-332].

金英培(1984), 黃海道地域方言 硏究: 음운체계를 중심으로, ≪平安道方言硏究≫, 東國大學校出版部, pp.267-332.

金英培(1997ㄱ), ≪增補 平安方言硏究≫, 太學社.

金英培(1997ㄴ), ≪平安方言硏究(資料篇)≫, 太學社.

김영황(2013), ≪개정 조선어방언학≫, 태학사.

金完鎭(1972), 形態論的 懸案의 音韻論的 克服을 爲하여: 이른바 長母音의 境遇, ≪동아문화≫11, 서울대학교 동아문화연구소, pp.273-299.

金履浹(1981), ≪平北方言辭典≫, 韓國精神文化硏究院.

김주원(1994), 18세기 황해도 방언의 음운현상: 普勸念佛文(興律寺版)의 분석을 통하여, ≪국어학≫24, 국어학회, pp.19-44.

金春子(2007), ≪咸鏡南道 三水地域語의 音韻論的 硏究≫, 서울대학교 박사학위논문.

金泰均(1986), ≪咸北方言辭典≫, 京畿大學校 出版局.

김 현(2001), 활용형의 재분석에 의한 용언 어간 재구조화: 후음 말음 어간으로의 변화에 한하여, ≪국어학≫37, 국어학회, pp.85-113.

김 현(2006), ≪활용의 형태음운론적 변화≫, 태학사.

金 玄(2015), 中世 國語 'ㅕ'의 音韻論, ≪어문연구≫43(4), 한국어문교육연구회, pp.99-123.

김 현(2017), 처격 조사 '-이'와 '-으'에 대한 일고찰, ≪국어교육≫158, 한국어교육학회, pp.31-53.

金亨奎(1974), ≪韓國方言硏究≫, 서울大學校出版部.

南廣祐(2015), ≪敎學 古語辭典≫, 교학사.

박보연(2012), 서울지역어 '(X)i-' 어간 모음어미 활용형의 공존 양상, ≪방언학≫ 16, 한국방언학회, pp.155-185.

朴基種(1999), ≪西道소리歌辭集≫(황해도·평안도), 西道소리硏究會.

배주채(1998), ≪고흥방언 음운론≫, 태학사.

배주채(2001), 지정사 활용의 형태음운론, ≪국어학≫37, 국어학회, pp.33-59.

배주채(2008), ≪국어 음운론의 체계화≫, 한국문화사.

소신애(2014), 대방언권 자료집의 체재와 성과, ≪방언학≫20, 한국방언학회, pp. 37-72.

宋讚和(1992), 白翎島 地域語의 音韻論的 考察, 충북대학교 석사학위논문.

宋喆儀(1982), 國語의 音節問題와 子音의 分布制約에 대하여, ≪冠嶽語文硏究≫ 7, 서울대學校 國語國文學科, pp.175-194.

宋喆儀(1995), 國語의 滑音化와 관련된 몇 問題, ≪단국어문논집≫1, 단국대학교 인문과학대학 단국어문연구회, pp.269-292.

安岳郡誌編纂委員會(1976), ≪安岳郡誌≫, 安岳郡民會發行.

오정란(1999), 중세국어 설음과 치음의 불투명성에 대하여, ≪국어학≫33, 국어학 회, pp.69-97.

오종갑(1983), ㅑ, ㅕ, ㅛ, ㅠ의 변천, ≪한국학논집≫10, 계명대학교 한국학연구 원, pp.285-305.

유필재(2001), 서울 지역어의 음운론적 연구, 서울대 박사학위논문.

유필재(2018), 현대국어 해라체 의문형 어미 '-느냐/으냐, -니'의 변화, ≪어학연 구≫54, 서울대학교 언어교육원, pp.79-96.

李克魯(1932), 조선말의 사투리, ≪東光≫29, 東光社, pp.9-12.

이금화(2007), ≪평양지역어의 음운론≫, 역락.

이금화(2015), ≪초산(집안)지역어 텍스트≫, 역락.

이기갑(2003), ≪국어 방언 문법≫, 태학사.

李基文(1977), ≪國語音韻史硏究≫, 塔出版社.

李基文·金完鎭·崔明玉·郭忠求·李承宰·金英培(1991), 韓國語 方言의 基礎 的 硏究, ≪學術院論文集 人文社會科學篇≫30, 大韓民國學術院, pp.1- 99.

李秉根(1975), 音韻規則과 非音韻論的 制約, ≪국어학≫3, 국어학회, pp.17-44.

李秉根(1978), 國語의 長母音化와 報償性, ≪국어학≫6, 국어학회, pp.1-28.

이병근(1981), 유음 탈락의 음운론과 형태론, ≪한글≫173·174, 한글학회, pp.223
-246.

李秉根(1986), 發話에 있어서의 音長, ≪국어학≫15, 국어학회, pp.11-41.

李相揆(1992), 朝鮮語研究部 篇『方言集』檢討, ≪주시경 학보≫10.[1995, ≪方言
集≫에 재수록, pp.423-440.]

이상신(1998), VyV 연쇄에 대한 통시론적 연구, ≪국어연구≫155, 서울대학교 국
어연구회.

이상신(2007), 영암지역어의 활음소화 및 관련 음운현상, ≪방언학≫6, 한국방언
학회, pp.139-162.

李崇寧(1967), 韓國方言史, ≪韓國文化史大系Ⅴ≫(言語·文字史 上), 高麗大學
校民族文化研究所, pp.323-411.

이승재(1994), '이다'의 삭제와 생략, ≪주시경학보≫13, 탑출판사, pp.14-28.

이시진(1995), 「방언집」에 나타난 몇 가지 음운현상에 대하여, ≪方言集≫, 慕山
學術研究所, pp.467-484.

李容完(1990), 黃海道長淵地方의 語文資料, ≪어문연구≫18, 한국어문교육연구
회, pp.409-416.

李翊燮(1972), 江陵 方言의 形態音素論的 考察, ≪진단학보≫34, 진단학회, pp.
96-119.

이지애(2011), 교동지역어의 음운론적 연구, 인하대학교 석사학위논문.

이진호(2001), 국어 비모음화(鼻母音化)와 관련된 이론적 문제, ≪국어학≫37, 국
어학회, pp61-84.

이진호(2003), 국어 ㅎ-말음 어간의 음운론, ≪국어국문학≫133, 국어국문학회, pp.
167-195.

이진호(2004), 국어 활용형에 적용되는 모음 축약, ≪어학연구≫40, 서울대학교
언어교육원, pp.177-194.

이진호(2008), ≪통시적 음운변화의 공시적 기술≫, 삼경문화사.

이진호(2010ㄱ), 국어 최소대립쌍의 설정에 대하여, ≪어문학≫17, 한국어문학회,
pp.119-137.

이진호(2010ㄴ), 국어 자음군 단순화에 대한 종합적 고찰, ≪國語學論叢: 崔明玉
　　　先生 停年 退任 紀念≫, 태학사, pp.561-584.

이진호(2015), ≪국어 음운론 강의≫(개정판), 삼경문화사.

이진호(2017), ≪국어 음운론 용어 사전≫, 역락.

이혁화(2002), 국어 반모음 'ɰ'의 음성학과 음운론, ≪어학연구≫38, 서울대학교
　　　언어교육원, pp.339-364.

李賢熙(1994ㄱ), ≪中世國語 構文硏究≫, 新丘文化社.

李賢熙(1994ㄴ), 계사 '(-)이-'에 대한 통시적 고찰, ≪주시경학보≫13, 탑출판사,
　　　pp.88-101.

林錫圭(2007), 慶北北部地域語의 音韻論的 硏究, 서울대학교 박사학위논문.

임석규(2007), 다음절 어간에서의 방언권별 부사형 어미 실현 양상, ≪한국언어
　　　문학≫62, 한국언어문학회, pp.123-143.

장승익(2018), 황해도 방언의 변이 양상 연구: '전북 완주군 정농 마을' 자료를
　　　중심으로, 전북대학교 박사학위논문.

장승익(2019), 황해도 방언 연구의 회고와 전망, ≪방언학≫30, 한국방언학회, pp.
　　　93-118.

田光鉉(1976), 南原地域語의 語末-U型 語彙에 대한 通時音韻論的 小考: 二重
　　　母音의 史的 變化와 關聯하여, ≪국어학≫4, 국어학회, pp.25-37.

鄭承喆(1995), ≪濟州島 方言의 通時音韻論≫, 태학사.

정승철(2002), 국어 활용어미의 방언 분화: '-(으)이-'계 설명・의문 종결어미를
　　　중심으로, ≪국어학≫39, 국어학회, pp.201-221.

정승철(2004), j계 상향이중모음의 변화: 형태소 내부를 중심으로, ≪언어학연구≫
　　　9, 한국언어연구학회, pp.43-58.

정승철(2005), 지역방언론: 음운, ≪방언학≫1, 한국방언학회, pp.173-191.

鄭承喆(2008), 방언형의 分布와 改新派: 兩脣音 뒤 j계 上向二重母音의 縮約
　　　現象을 중심으로, ≪어문연구≫36, 한국어문교육연구회, pp.99-116.

정승철(2013), ≪한국의 방언과 방언학≫, 태학사.

정승철・정인호 공편(2010), ≪이중모음≫, 태학사.

鄭然粲(1991), 現代國語 二重母音 體系를 다시 생각하여 본다, ≪石靜 李承旭
　　　先生 回甲紀念論叢≫, 元一社, pp.379-402.

정원수(2002), 황해도 방언 어휘의 몇 가지 특성, ≪인문학연구≫29, 충남대학교 인문과학연구소, pp.47-79.

정의향(2008), 서북방언의 어미 '아/어(Y)'교체의 실현 양상에 대하여: 철산지역어 자료를 중심으로, ≪방언학≫7, 한국방언학회, pp.153-179.

정인호(1995), 和順지역어의 음운론적 연구, ≪국어연구≫134, 서울대학교 국어연구회.

정인호(2003), 평북방언에서의 'ㅈ, ㅅ'의 음변화, ≪한국문화≫31, 서울대학교 규장각 한국학연구원, pp.23-47.

鄭仁浩(2006), ≪평북방언과 전남방언의 음운론적 대비 연구≫, 태학사.

정인호(2007), 소위 '비모음화' 현상의 지리적 분포와 그 성격, ≪우리말글≫41, 우리말글학회, pp.135-162.

鄭仁浩(2016), 평북방언의 先語末語尾 고찰, ≪방언학≫24, 한국방언학회, pp.267-292.

鄭仁浩(2019), 북한방언 연구의 현황과 과제: 대비방언학을 중심으로, ≪방언학≫30, 한국방언학회, pp.5-31.

崔明玉(1978), 東南方言의 세 音素, ≪국어학≫7, 국어학회, pp.71-89.

崔明玉(1980), ≪慶北 東海岸 方言研究≫, 嶺南大學校 民族文化研究所.

崔明玉(1982), ≪月城地域語의 音韻論≫, 嶺南大學校出版部.

崔明玉(1985ㄱ), 19世紀 後期 西北方言의 音韻論: 平北 義州地域語를 중심으로, ≪인문연구≫7, 영남대학교 인문과학연구소, pp.713-747.

崔明玉(1985ㄴ), 變則動詞의 音韻現象에 대하여: p-, s-, t-變則動詞를 중심으로, ≪국어학≫14, 국어학회, pp.149-188.

崔明玉(1988), 變則動詞의 音韻現象에 대하여: li-, lə-, ɛ(jə)-, h-變則動詞를 中心으로, ≪어학연구≫24(1), 서울대학교 언어교육원, pp.41-68.

최명옥(1995), 'Xㅣ]Vst 어Y'의 音韻論, ≪진단학보≫79, 진단학회, pp.167-190.

최명옥(1998), 국어의 방언 구획, ≪새국어생활≫8, 국립국어연구원, pp.5-29.

최명옥(2001), 서북 방언, ≪方言學 事典≫, 태학사, pp.235-238.

최명옥(2004), ≪국어음운론≫, 태학사.

최명옥(2005), 한국어 음운규칙 적용의 한계와 그 대체 기제, ≪인문논총≫53, 서울대학교 인문대학 인문학연구원, pp.285-311.

최명옥(2006), 국어의 공시형태론: 어간과 어미의 형태소 설정을 중심으로, ≪國語學論叢: 李秉根先生退任紀念≫, 태학사, pp.13-39.

최명옥(2008), ≪현대 한국어의 공시 형태론: 경주지역어를 실례로≫, 서울대학교 출판문화원.

최명옥(2015), ≪한국어의 방언≫, 세창출판사.

최명옥·한성우(2001), 충남방언 연구, ≪국어국문학≫129, 국어국문학회, pp.229-249.

崔小娟(2018), 黃海道 安岳 地域語의 母音調和 硏究, ≪어문연구≫46, 한국어문교육연구회, pp.139-161.

최소연(2019), 안악 지역어의 'j'활음화에 대하여, ≪관악어문연구≫44, 서울대학교 국어국문학과, pp.93-108.

崔鶴根(1968), ≪國語方言硏究≫, 서울大學校 出版部.

韓國精神文化硏究院(1995), ≪韓國方言資料集≫(Ⅰ~Ⅸ).

韓成愚(1996), 唐津 地域語의 音韻論的 연구, 서울대학교 석사학위논문.

한성우(2006), ≪평안북도 의주방언의 음운론≫, 도서출판 月印.

한영순(1967), ≪조선어 방언학≫, 평양: 김일성종합대학출판사.

황대화(1986), ≪동해안 방언 연구≫, 김일성종합대학교출판사[1993, 한국문화사].

황대화(1998), ≪조선어 동서방언 비교연구≫, 과학백과사전종합출판사[1998, 한국문화사].

황대화(2001), 황해도방언의 모음 'ㅐ'의 도치현상에 대하여, ≪중국조선어문≫6, 길림성민족사무위원회, pp.6-9.

황대화(2002), 황해도방언의 모음변이에 대하여: 모음 'ㅏ'를 중심으로, ≪중국조선어문≫5, 길림성민족사무위원회, pp.4-7.

황대화(2003), 황해도방언의 모음변이에 대하여: 모음 'ㅓ'를 중심으로, ≪중국조선어문≫3, 길림성민족사무위원회, pp.8-11.

황대화(2004), 황해도 방언의 알림법 말차림에 대하여, ≪중국조선어문≫5, 길림성민족사무위원회, pp.6-11.

황대화(2005ㄱ), 황해도방언의 알림법 말차림에 대하여, ≪중국조선어문≫6, 길림성민족사무위원회, pp.4-10.

황대화(2005ㄴ), 황해도방언에서의 모음 'ㅡ'의 변이에 대하여, ≪중국조선어문≫

4, 길림성민족사무위원회, pp.8-12.

황대화(2005ㄷ), 황해도방언의 물음법 말차림에 대하여, ≪중국조선어문≫6, 길림성민족사무위원회, pp.4-10.

황대화·오려나(2006), 황해도방언의 시킴법과 추김법의 말차림에 대하여, ≪중국조선어문≫4, 길림성민족사무위원회, pp.4-10.

황대화(2007), ≪황해도 방언연구≫, 한국문화사.

黃海道誌編纂委員會(1981), ≪黃海道誌≫, 黃海道誌編纂委員會發行.

小倉進平(1944ㄱ), ≪朝鮮語方言の硏究≫(上卷 資料篇), 岩波書店刊行[1973, 서울 亞細亞文化社 刊行]

小倉進平(1944ㄴ), ≪朝鮮語方言の硏究≫(下卷 硏究篇), 岩波書店刊行[1973, 서울 亞細亞文化社 刊行. 2009, ≪한국어 방언 연구≫, 전남대학교출판부, 李珍昊 譯註].

河野六郎(1945), ≪朝鮮方言學試攷≫, 東都書籍[2012, ≪한국어 방언학 시론≫, 전남대학교출판부, 李珍昊 譯註].

Akhmanova, O. S.(1971), *Phonology, Morphonology, Morphology*, The Hague: Mouton.

Botha, Rudolf P.(1971), *Methodological Aspects of Transformational Generative Phonology*, The Hague: Mouton.

Chambers, J.K & P. Trudgill(1980), *Dialectology*, Cambridge University Press.

Chomsky, N. & M.Hall(1968), *The Sound Pattern of Englis*, Harper & Row.

Ladefoged, P.(1993), A Course in *Phonetics*(3rd edition), Harcourt Brace Jovanovich College Publisgers.

Schane, S.A.(1973), *Generative Phonology*, Englewood Cliffs, N.J.: Prentice-Hall.